教具製作設計

自己動手作，廢物再利用。

自己動手作，廢物再利用。

第一章
廢物造形的利用

認識「玩具的素材」

當您置身於房間，如果稍加留意四周，即使房內井然有序，也不免發現一兩樣裝在袋子或筒子裡，準備被當成垃圾丟棄的廢物。如果您能將這些廢物妥善地保留下來，加以利用，將會有出奇不意的發現……。大約經過一個月，您將累積起來的許許多多的紙箱子、空瓶罐及袋子等，依材料及形狀的不同稍加巧思運用，便能將它們變成既有趣又有用的玩具。

如果素材和形狀豐富時，它所包括的造形範圍便隨著增廣，我們就比較容易從中發現我們需要的物品。當意識到某些物品的形狀能加以利用而感興趣時，您不妨把它視為「玩具的素材」加以收集，這些物品必能開出讓您深感有趣的果子。

利用空瓶做成的筆筒

讓我們再看看房間裡有沒有可以加以利用的廢物？譬如：一些可將果醬的空罐變成筆筒、糖果盒可拿來裝零碎的物品，讓這些原本想廢棄的器具變成方便有用的工具。

在動手之前，應該運用巧思選擇適合的物品來加以運用。譬如：筆筒或裝有零碎物品的容器，應考慮到它的高度、瓶口的寬度或它的安定性，在機能上，必須能符合做筆筒的條件。換句話說，我們常見的素材及形狀都應是實際上即可加以利用的廢瓶。因此，發揮它的功能，似乎是理所當然之事，但是這點也很有必要加以確認。

除了聯想之外

從遊戲當中，我們可以學習到廢物利用的重要性。在我們的生活中，比較容易發現和動物及交通工具相似的素材。當然，我們也可以從廢物的形狀來聯想到它們的用途。無論被指導的是大人或兒童，只要能以輕鬆愉快的心情來製作，最後必定能夠製造出許多的玩偶或飾物，而將其成果琳瑯滿目地陳設在架子上。

常聽到有人說：大人的腦筋頑固，只會把一個盒子，看成一個盒子；兒童卻能自由聯想並加以創造。然而只憑聯想及假設，不一定就能培養出創造力。

從遊戲中啓發靈感固然很重要，却只是創造活動的一部份而已。

車子能行駛

讓我們來思考及研究前述的筆筒：到底要如何選擇適合擺放鉛筆的所在？需要那種空瓶和那些附帶的材料？這些問題乃是關鍵性的重點。

當兒童想製造某些物品的時候，他們的

腦海中，通常會先有具體的形象產生。和生活體驗豐富並且了解自己技能的大人相比較，兒童實在更具有直接形象的觀點。

例如：在兒童們對車會行駛、飛機會飛、陀螺會轉已具有形象的觀念，所以，即使是板子釘成的笨重的飛機，他們也會拿起來想使其飛翔。這些都是因為兒童心中隱藏著一種意念：飛機是會飛的，便希望外形像飛機的物件也能真的飛起來。

以遊戲本位做為製作活動的構想，是無法滿足兒童的意願，甚至會有阻止兒童發展的可能性。

換句話說，以遊戲為重點，往往只是為了讓它飛得更好而在素材的選擇及提高機能的技術上有了缺失。若將一些製造完成的產品拿來遊戲，且將遊戲中學習到的情況，運用到下一次的製造上，其效果便會有顯著的不同。

例如：根據放鉛筆的這種具體動機來選擇適當的材料，於使用之後，若發現有不便之處，加以改良，而後便能擁有更明確的機種，發展出更好的產品。

追求機能

當您的眼前擺放著各種廢物時，首先應考慮它的造形、材質、形狀，以及它原來的用途。例如：裝牛奶的盒子是紙做的，形狀是箱形，原用途是盛裝液體。這些條件在在讓我們想到：若用剪刀剪開，便能製作成船或車的形狀，使其飄浮在水面上。

在實際的製作過程中，我們往往偏向於：將某些形狀相似的物體或依照某物的形狀做固定的組合，這不免步自封了。我們應該尋求一個場合，對物品做綜合性的構思。當然，這點需要有一個整體性的活動，才能使製作繼續發展下去。

因此，我們應以追求機能為前提，嘗試去接觸各種材料，創造出具有新意的物品遊戲。將累積下來的經驗及心得，適當地運用在身旁的許多有效的物品上。

滿足兒童的願望

兒童們對於能跑、能飛及能轉動的玩具特別感興趣，這是因為兒童具備有直接性的需求。因此本章重點便在於動作及素材間的關係，譬如：要使車子及陀螺轉動，應該注意那些事項，及選擇那些素材。

總而言之，必須要顧及各種物件的動作及素材，同時注意選擇適當的動作及素材。

奇異之船

有一次筆者正在街上閒逛，無意間發現有人正在出售一種頗耐人尋味的東西。那是兒童時代，在節慶中曾見過的大約兩公分長的小船。那時，這艘玩具船正在水面上悠閒地來往行駛。我深深被它吸引住，因此，千辛萬苦想嘗試著製作。

我嗅出那艘玩具船有樟腦的味道，於是興緻勃勃地從衣服裡取出防蟲劑，將其弄成碎片。由於防蟲劑並非純粹的樟腦，因此嘗試失敗。我曾聽說肥皂有效，因此也使用了肥皂碎塊來試驗。這一次小船雖略略動了一下，效果却無法令人滿意。只好暗自下了決定，去買了一個，而自行製作的意願便放棄了。

有天早晨，我發現掉落在水裡的牙膏很快便擴散開來，心想：牙膏有如此的力量，或許能成功也不一定。便匆匆洗完了臉，迅速地造了一艘小船，並在船尾附上牙膏，做起實驗了。

結果却是令人滿意地成功。當我看到那艘小船像隻鼓蟲般靈活的遊動時，我深深感動。也許這在旁人是微不足道的小事，却是日後引我走向兒童造型創作之路的契機。因此，對我個人而言，這可以說是件值得紀念的事。

抱著好奇心來觀察

由於牙膏的靈感，使我的嘗試有了新的發現，它不但使放棄的事獲得成功，也說明了凡事抱持好奇之心去觀察，便會有意想不到的成效。

有很多事，我們自以為在理論方面已經了解；其實，那不過是表面上的認識，骨子裡却一竅不通：黃昏時為何天空會呈現出一片橙紅的晚霞？而飛機又為何能在天上飛翔？這些看似無關緊要的問題，我却希望能夠透過自己的雙手及眼睛加以深切的研究。許多日常用品或無處丟棄的廢物，只要接近它，都有助於好奇心的滿足。

俯視杯中之水，撩起無限想像，以及黃昏時滿天的紅霞，或是利用冰箱製作霜柱，這些欣慰背後却是我不顧家人反對，數度以地板像潑大水似弄得潮濕一片所換來的代價。當然並非每個實驗都能成功而獲致讚賞；反而常常失敗。偶然的成功所帶來的喜悅，是支持我持續不斷進行研究及嘗試實驗的原動力。

認識素材的性質

各種不同的嘗試使我毅然決然地走向玩具製作的行列。我曾經想過：是否利用性質不同的物品製作些令人興奮且不可思議的玩

具？這個想法催促我著手，從傳統的童玩到商品化的玩具，開始研究它的動作及結構，同時加上科學的觀點，而使玩具製作的範圍更加擴大。

接著便是接受挑戰；即使不再使用橡皮動力，也能使物體由下往上轉動，或利用空氣及發揮水的特性使物體活動。

市面上的某些玩具，也曾引發我較新穎的構想，然而我深深地體會到：試著去認識每種不同性質的素材，才是製造玩具的基礎。

換句話說：引起製作玩具的動機，往往是素材本身潛在的刺激。

嘗試各種不同的材質

有一些玩具是屬於突發性動作中的代表性製作。例如：紙黏上漿糊，會使紙張起皺摺，而將紙袋縮小噴上水、紙張便會慢慢往外伸展開來。以上原理是人們從日常生活中都曾經歷過且視為平常之事。如果利用這種特性來做成花形或在紙花裡放進玩偶等材料時，便會做出足以令人喝采的美妙動作，甚至有人還會以為是使用了某種特殊的紙張。從這裡我們可以很明顯地看出紙張的性質，也不難發現：嘗試使用不同紙質的創作，可創造出更多新奇而特別的遊戲。

製造遊戲發展功能

將親手製作成功的玩具拿來遊戲的好處是：培養兒童擁有不斷發展智慧的能力。由於親手確定素材的性質及結構，將有助於經驗的累積，當然，日後這點會使我們使用別的素材或嘗試組合的時候，變得駕輕就熟。將製作成的玩具拿來遊戲，且不斷加以發展，是親手製作玩具的最大優點。

關於身邊的一些事物

製作物品的工作，乍看之下似乎是以個人的作業為主；然而能鼓勵孩童在製作的過程中經由周遭不斷的發現，給予新的刺激。而這些製成的玩具拿來遊戲時，往往能在和別人接觸的過程中發現樂趣。

細膩的手部操作能力，透過親手製作的活動，可以培養兒童敏銳的觀察力，細膩的手部操作能力以及富美感的心靈，進而可使兒童運用自己靈巧的雙手及敏捷的思考力，創造出美的事物，因此，密切地與周遭的人及事物維持著良好的關係也極為重要。

以上各種經驗，必定使兒童的世界更加遼濶寬廣。

保麗龍板的利用

1.吹氣的河馬

自麥管吹氣，河馬便會像打哈欠一樣張開大嘴。

2.小帆船

保麗龍板最適合製作玩具，只要有一絲風，
便能使小帆船在水中輕巧地行駛。

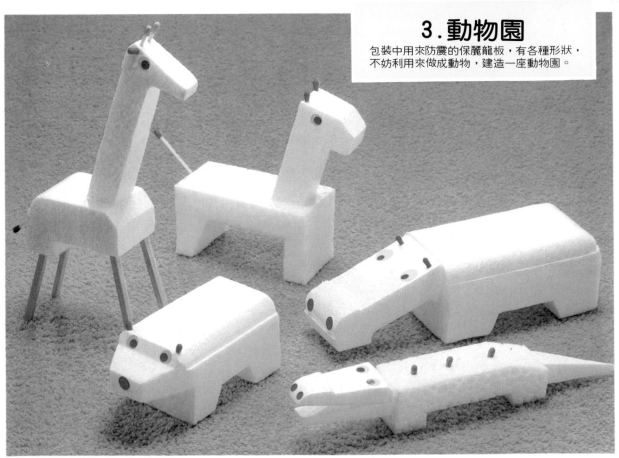

3.動物園

包裝中用來防震的保麗龍板，有各種形狀，
不妨利用來做成動物，建造一座動物園。

保麗龍板的利用

保麗龍板常被當成我們輸送物品時填充在包裝盒(箱)裡四周的防震材料。其柔軟度易於加工，可在勞作方面多加利用。例如：質地輕，適合作小船。做為包裝電器用品的保麗龍板，就包括了許許多多有趣的形狀，若我們能善加利用，並發揮我們的想像力，能使原本被人們視為廢物的保麗龍板，成為有趣的童玩。這實在是件新奇且富有趣味的工作。

● 應備工具及材料	◎	○
切割工具	✎ ⟋	✎
接著劑	膠水 雙面膠帶	薄透明膠帶 厚透明膠帶 不透明膠帶
着色工具	圖畫紙 厚透明膠帶	
其 他 (按洞用之工具)	錐子 顏料罐	

※視兒童的需要與技術，也可考慮其它道具

1.吹氣的河馬

其他材料：吸管、塑膠袋、圖畫紙

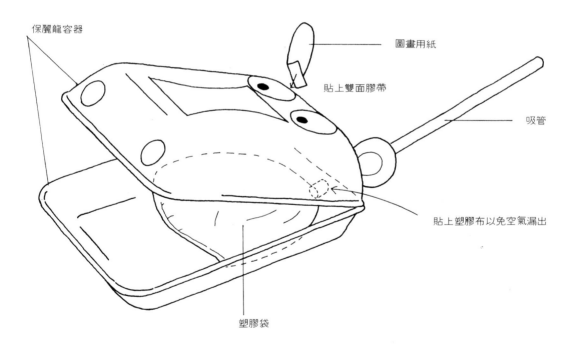

保麗龍容器

圖畫用紙

貼上雙面膠帶

吸管

貼上塑膠布以免空氣漏出

塑膠袋

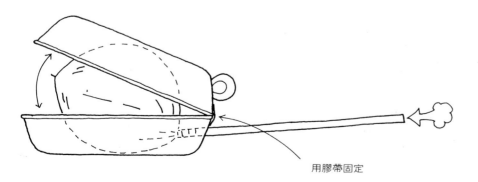

用膠帶固定

2.小帆船

其他材料：細棒、圖畫紙、竹籤

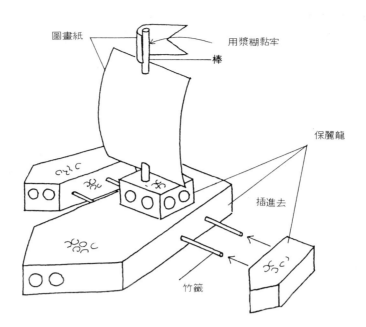

圖畫紙
棒
用漿糊黏牢
保麗龍
插進去
竹籤

3.動物園

其他材料：衛生筷、火柴棒

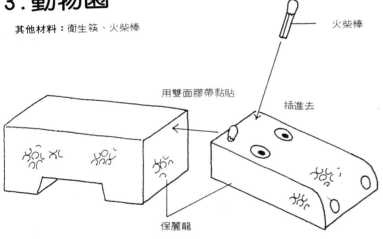

火柴棒
插進去
用雙面膠帶黏貼
保麗龍

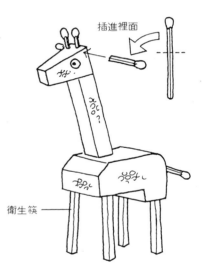

插進裡面
衛生筷

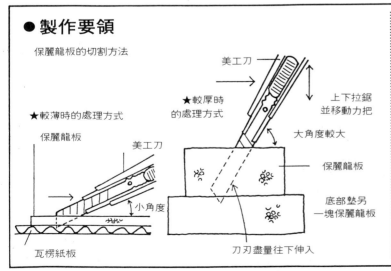

● 製作要領

保麗龍板的切割方法

★較薄時的處理方式

保麗龍板
美工刀
瓦楞紙板
小角度

美工刀
★較厚時的處理方式
上下拉鋸並移動力把
大角度較大
保麗龍板
底部墊另一塊保麗龍板
刀刃盡量往下伸入

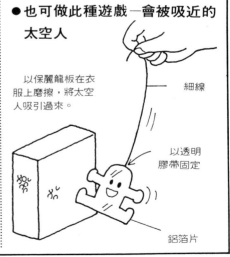

● 也可做此種遊戲─會被吸近的太空人

以保麗龍板在衣服上磨擦，將太空人吸引過來。

細線
以透明膠帶固定
鋁箔片

紙盤的利用

1.大嘴青蛙

大青蛙張著大嘴，一張一合。利用紙盤作青
蛙的臉，黏上汽水瓶蓋，可發出有趣的響聲。

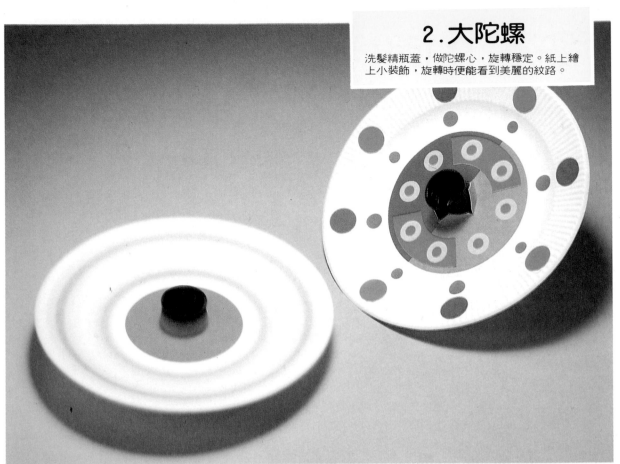

2.大陀螺

洗髮精瓶蓋,做陀螺心,旋轉穩定。紙上繪上小裝飾,旋轉時便能看到美麗的紋路。

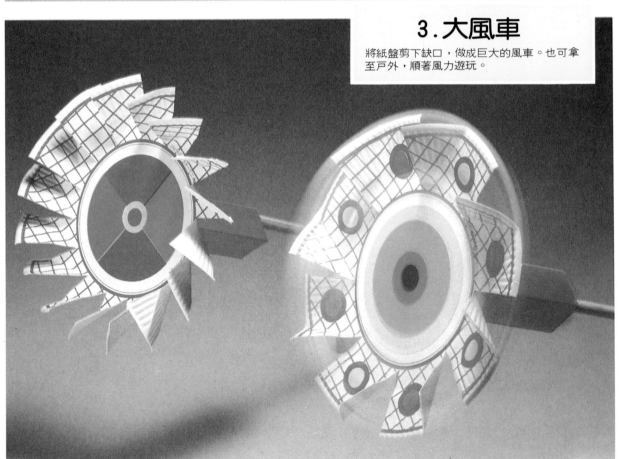

3.大風車

將紙盤剪下缺口,做成巨大的風車。也可拿至戶外,順著風力遊玩。

紙盤的利用

紙盤是項有趣且加工範圍較廣的材料。只要稍加巧思，畫上眼睛、鼻子等，紙張便能變成可愛的臉。若利用圓形紙盤做成陀螺或風車，即能做成形體巨大且頗有氣派的玩具。對折變成嘴形再加汽水瓶蓋即成響板，或不倒翁。因為是紙材，所以較容易剪裁及黏著，並且易於著色，這是它的特點之一。

● 應備工具及材料	◎	○
切割工具	✂ ✎	
接著劑	🫙 薄透明膠帶	厚透明膠帶 雙面膠帶
着色工具	🖌 ✏	厚透明膠帶
其 他 （挖洞用之工具）	🔩	🔧

※視兒童的需要與技術，也可考慮其它道具

1.大嘴青蛙

其他材料：圖畫紙、瓶蓋

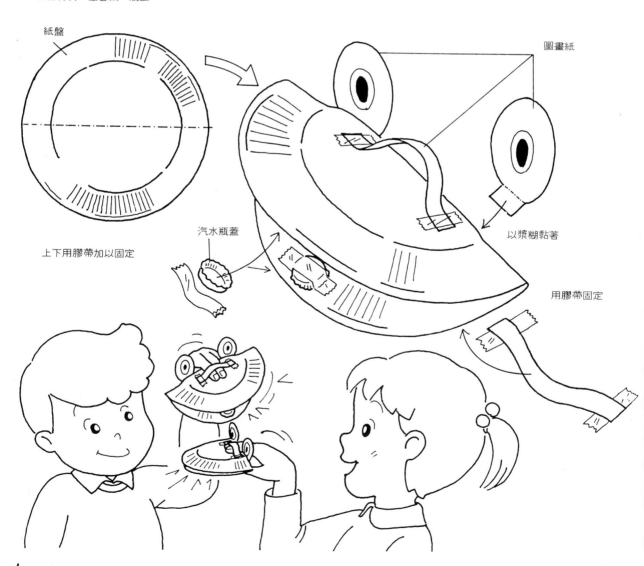

紙盤

圖畫紙

上下用膠帶加以固定

汽水瓶蓋

以漿糊黏著

用膠帶固定

2.大陀螺

其他材料：洗髮精瓶蓋

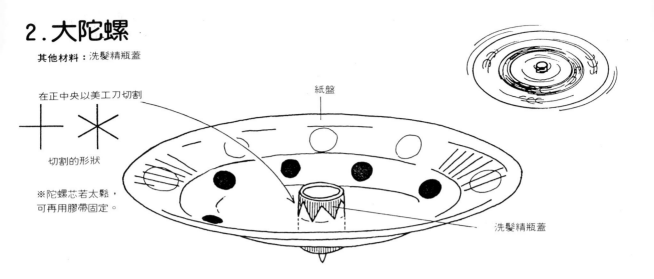

在正中央以美工刀切割

切割的形狀

※陀螺芯若太鬆，
可再用膠帶固定。

紙盤

洗髮精瓶蓋

3.大風車

其他材料：空紙盒、細棒子

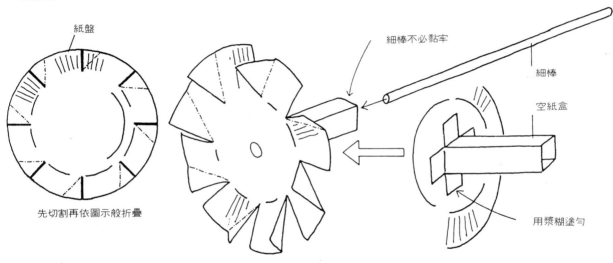

紙盤

先切割再依圖示般折疊

細棒不必黏牢

細棒

空紙盒

用漿糊塗勻

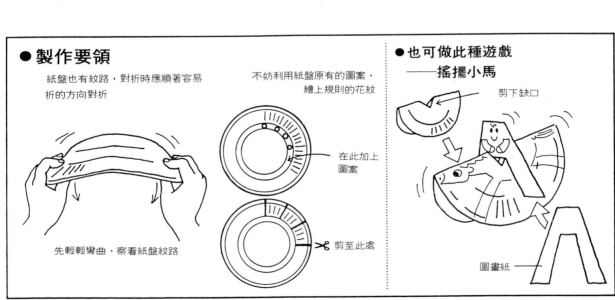

● **製作要領**

紙盤也有紋路，對折時應順著容易
折的方向對折

不妨利用紙盤原有的圖案，
繪上規則的花紋

在此加上
圖案

先輕輕彎曲，察看紙盤紋路

剪至此處

● **也可做此種遊戲**
　　──搖擺小馬

剪下缺口

圖畫紙

空容器的利用

1. 乒乓球槍

利用空塑膠瓶,先在瓶口裝上乒乓球,然後用手一握緊,球便會跳出來。

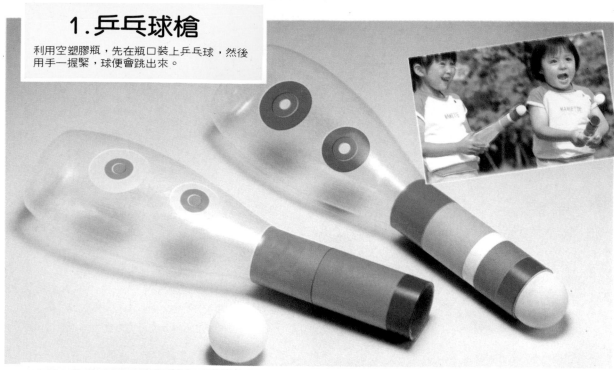

2. 咚咚鼓

利用碗麵的空碗來作咚咚鼓。上面貼上可愛的臉譜,旋轉時會發出咚咚的響聲。

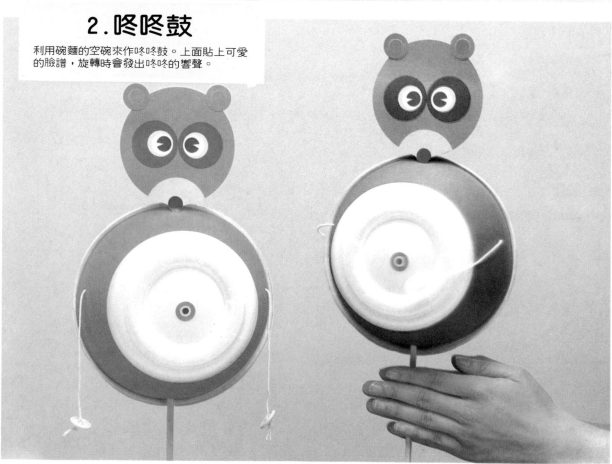

13

3.長形蛇

養樂多空瓶可作成蛇形。用長線穿過空瓶，線頭兩端綁在竹子上。操做竹子，便蛇般舞動。

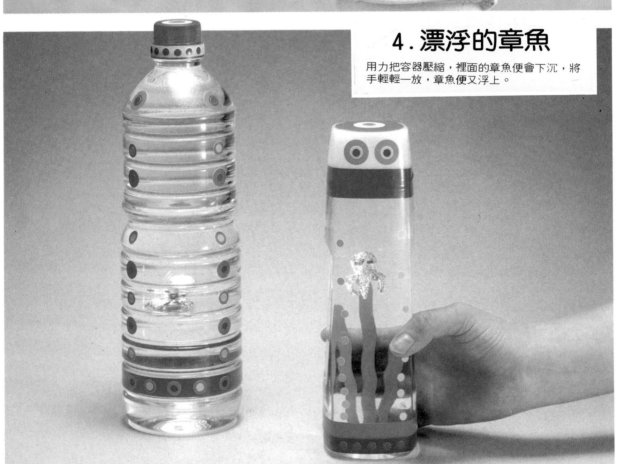

4.漂浮的章魚

用力把容器壓縮，裡面的章魚便會下沉，將手輕輕一放，章魚便又浮上。

空容器的利用

在日常生活中，隨手可及的素材極為豐富，例如：養樂多的空瓶、想丟棄的速食麵空碗、黑醋空瓶及洗髮精的空瓶子等等，包括了各種形狀及質料。原本盛放液體的空瓶子，最適合於用來製作與水相關的玩具。其次，如沙拉醬的空瓶等質地柔軟的容器，可以拿來做乒乓球槍等。製作前，我們應該從廢物形狀，想出適合於其造形的可運用到空氣衝力的玩具。

● 應備工具及材料		
	◎	○
切割工具		✂
接著劑	厚透明膠帶　雙面膠帶	薄透明膠帶
着色工具	✎ ▢ 厚透明膠帶	
其 他 (挖洞用之工具)	✐	

※視兒童的需要與技術，也可考慮其它道具

1.乒乓球槍

其他材料：包裝紙捲芯（或圓紙筒）、乒乓球

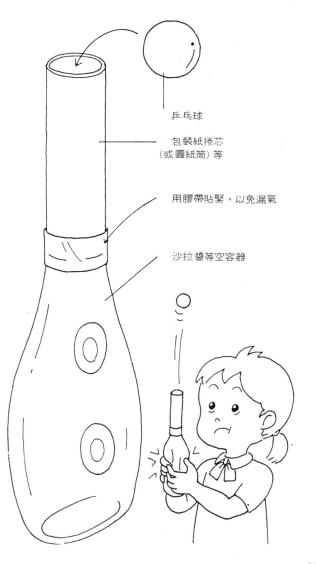

乒乓球

包裝紙捲芯（或圓紙筒）等

用膠帶貼緊，以免漏氣

沙拉醬等空容器

2.咚咚鼓

其他材料：鈕釦、風箏線、筷子、圖畫紙、橡皮筋

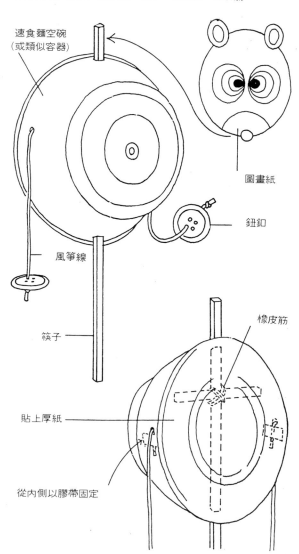

速食麵空碗（或類似容器）

圖畫紙

鈕釦

風箏線

筷子

橡皮筋

貼上厚紙

從內側以膠帶固定

3. 長形蛇

其他材料：風箏線、長細棒（或竹筷）、圖畫紙

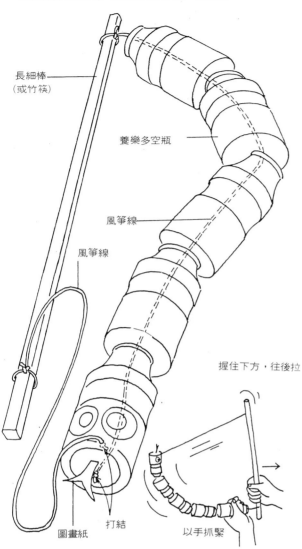

長細棒
（或竹筷）

養樂多空瓶

風箏線

風箏線

圖畫紙

打結

以手抓緊

握住下方，往後拉

4. 漂浮的章魚

其他材料：鋁箔紙

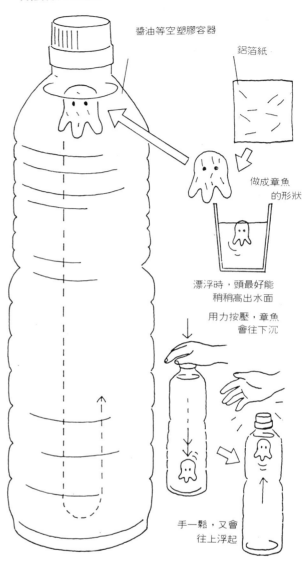

醬油等空塑膠容器

鋁箔紙

做成章魚
的形狀

漂浮時，頭最好能
稍稍高出水面

用力按壓，章魚
會往下沉

手一鬆，又會
往上浮起

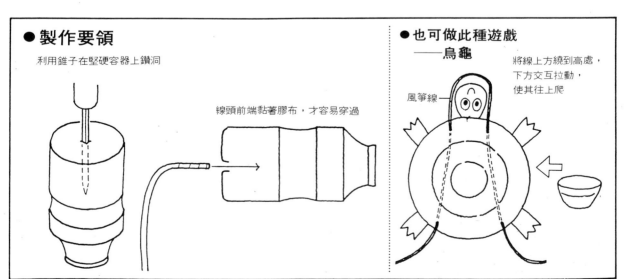

● 製作要領

利用錐子在堅硬容器上鑽洞

線頭前端黏著膠布，才容易穿過

● 也可做此種遊戲
——烏龜

將線上方繞到高處，
下方交互拉動，
使其往上爬

風箏線

氣泡塑膠布、拉環的利用

1.飄浮球

將包裝用的氣泡塑膠布捲成球狀,一粒粒隆起的小氣泡即給人有趣的感覺。

2.飄盪的玩偶

利用塑膠做手及腳,放入水中,便能像章魚般擁有吸盤,能在水裡有趣地飄盪。

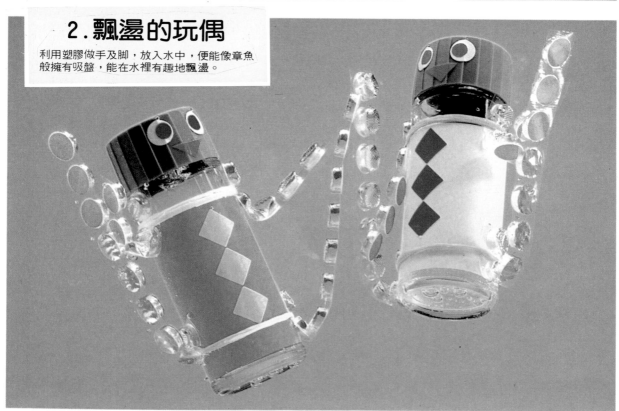

3.釣魚遊戲

利用易開罐的拉環來做遊戲，看看誰做得最好。

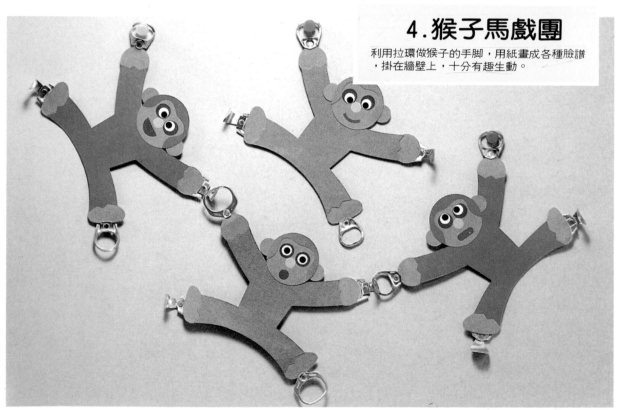

4.猴子馬戲團

利用拉環做猴子的手腳，用紙畫成各種臉譜，掛在牆壁上，十分有趣生動。

氣泡塑膠布、拉環的利用

我們的四周有許多尚可利用却被丟的物品，例如：一粒粒隆起的氣泡塑膠布或易開罐的拉環。我們可以利用氣泡布來做一長條像章魚般具有吸盤的有趣形狀，而將易開罐的拉環拿來掛物品或勾東西。總而言之，若能發揮想像力，使原要丟棄的物品轉成有用之物，發揮驚人的效果，也是極有趣的勞作。

● 應備工具及材料		
	◎	○
切割工具	✂	美工刀
接著劑	薄透明膠帶　雙面膠帶　薄透明膠帶	厚透明膠帶　不透明膠帶　厚透明膠帶
着色工具	彩色筆　薄透明膠帶　薄透明膠帶	

※視兒童的需要與技術，也可考慮其它道具

1.飄浮球

其他材料：塑膠袋

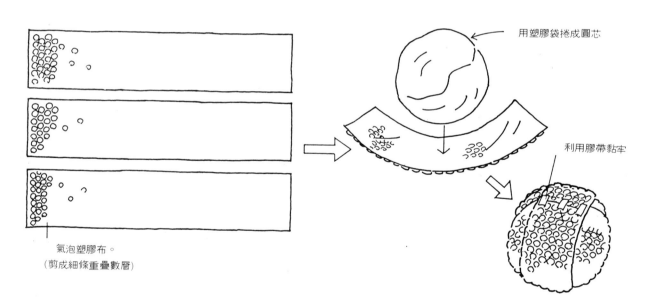

用塑膠袋捲成圓芯

利用膠帶黏牢

氣泡塑膠布。
(剪成細條重疊數層)

2.飄盪的玩偶

其他材料：小玻璃瓶、橡皮筋

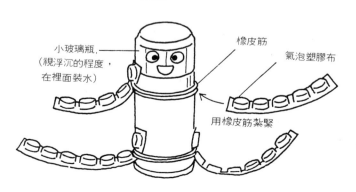

小玻璃瓶
(視浮沉的程度，在裡面裝水)

橡皮筋

氣泡塑膠布

用橡皮筋紮緊

3.釣魚遊戲

其他材料：木棒、細棒、圖畫紙

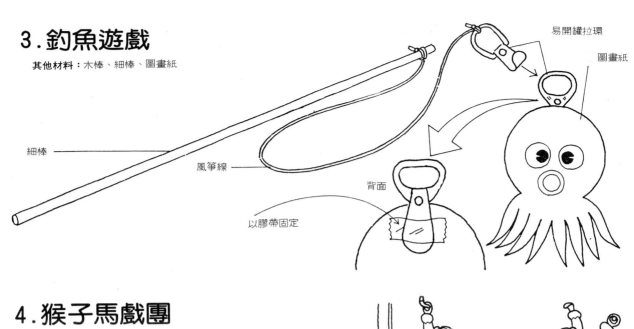

細棒
風箏線
背面
以膠帶固定
易開罐拉環
圖畫紙

4.猴子馬戲團

其他材料：圖畫用紙

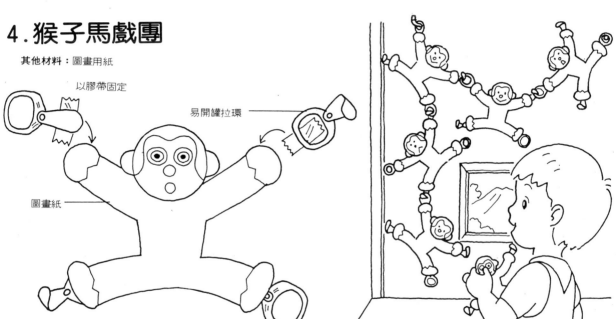

以膠帶固定
易開罐拉環
圖畫紙

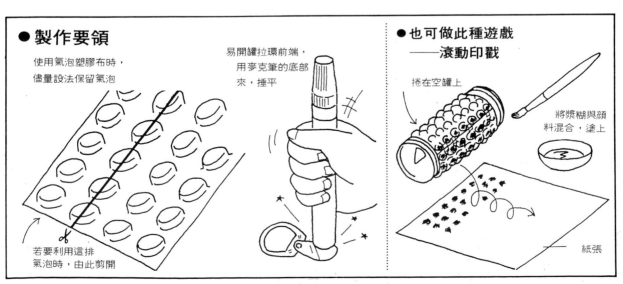

● 製作要領

使用氣泡塑膠布時，
儘量設法保留氣泡

若要利用這排
氣泡時，由此剪開

易開罐拉環前端，
用麥克筆的底部
來，捶平

● 也可做此種遊戲
——滾動印戳

捲在空罐上

將漿糊與顏
料混合，塗上

紙張

瓦楞紙的利用

1. 機器人

瓦楞紙最適於用來製作機器人,而做好的機器人也適合戶外遊戲。

2. 振翅的鳥

瓦楞紙做成展翅的箱形鳥,丟球進箱,會使雙翅拍動,可拿來做運動會時的球籃。

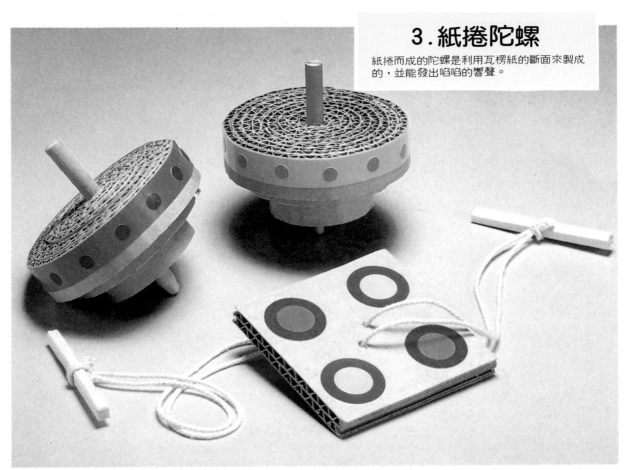

3.紙捲陀螺

紙捲而成的陀螺是利用瓦楞紙的斷面來製成的,並能發出咯咯的響聲。

4.滑動雪橇

利用堅固的瓦楞紙製作滑動雪橇,在瓦楞紙上加一層塑膠袋,更可在雪地上滑行。

瓦楞紙的利用

一張極普通的紙,若加上摺痕,便會增加紙快對於縱向的抵抗力。包裝紙箱之所以用瓦楞紙製成,是由於瓦楞紙的中間夾有波浪壯的硬紙而使其強度增加。我們可以利用其堅固的特性來製作機器人,而將其斷面的波形花紋拿來製成有趣的勞作,其次亦可將瓦楞紙捲成汽車的車軸,只要在兩個軸中間加上一根竹籤,便能使車軸轉動。

● 應備工具及材料		
	◎	○
切割工具		
接著劑	雙面膠帶　不透明膠帶	薄透明膠帶　厚透明膠帶
着色工具		厚透明膠帶
其　他 (挖洞用之工具)		

※視兒童的需要與技術,也可考慮其它道具

1.機器人

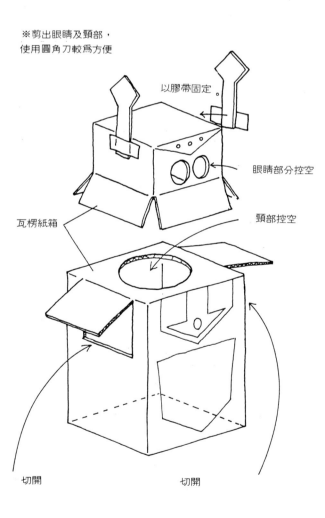

※剪出眼睛及頸部,
使用圓角刀較為方便

以膠帶固定。

眼睛部分挖空

瓦楞紙箱

頸部挖空

瓦楞紙箱

切開　　　　切開

2.振翅的鳥

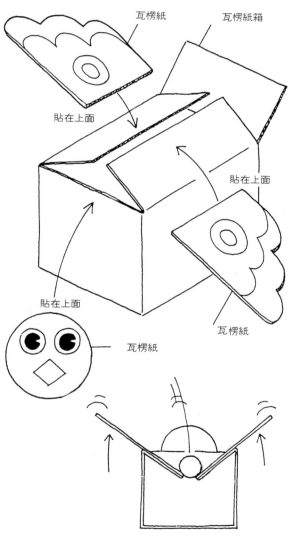

瓦楞紙

瓦楞紙箱

貼在上面

貼在上面

貼在上面

瓦楞紙

瓦楞紙

3. 紙捲陀螺・發聲陀螺

其他材料：細棒、彩色膠帶、衛生筷、風箏線

先捲上較寬的瓦楞紙片

細棒

彩色膠帶

紙捲陀螺

發聲陀螺

筷子　　風箏線　　瓦楞紙

4. 滑動雪橇

其他材料：米袋、堅固的繩索.

繩子

瓦楞紙板

盛米米袋。
(重疊數層)

不透明膠帶

● 製作要領

先用抹刀畫上痕跡後再折疊。
(也可利用美工刀刀背)

利用瓦楞紙的紋路，易於折疊

● 也可做此種遊戲
　　——鬼面靶

黏土　　竹籤

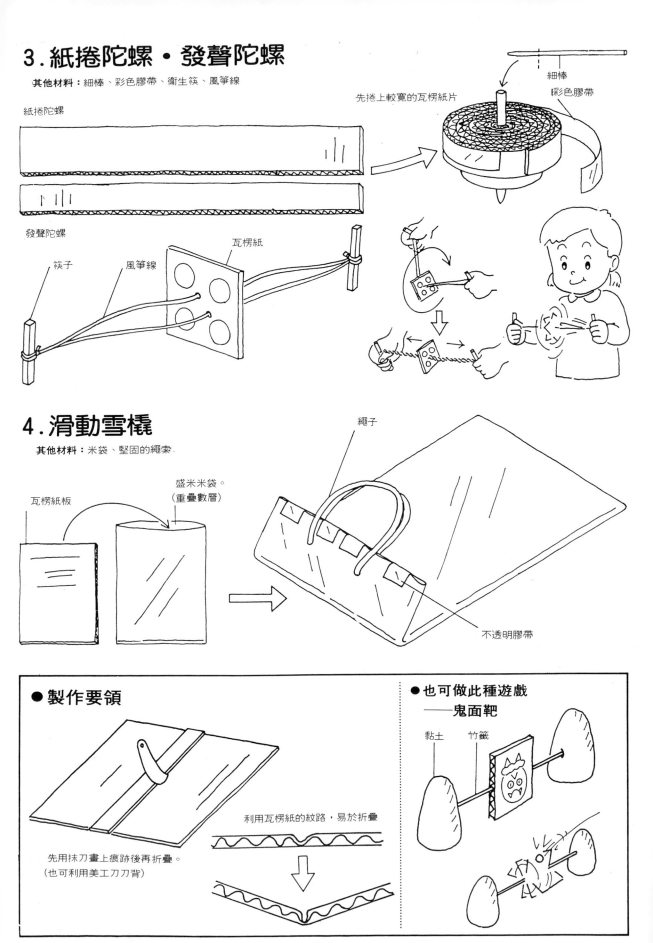

24

空紙盒的利用

1.自動停止的動物

藉著重力使作品前進，滑到桌緣時便會自動
停止，而長鼻亦會做出生動幽默的動作。

25

2.卡車

利用各種形狀的盒子製成卡車,並可在卡車上之貨廂裝置物品,用來運輸。

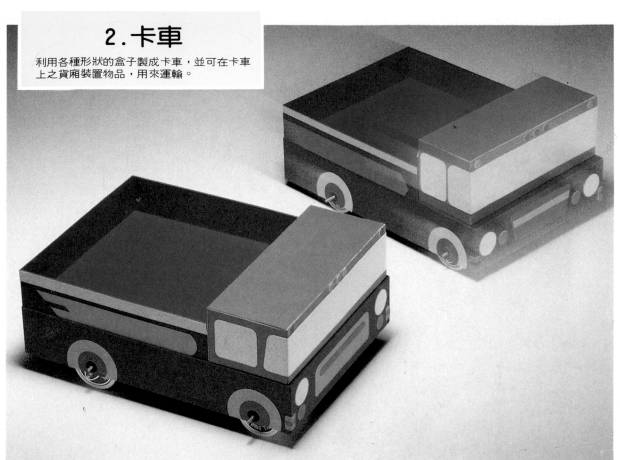

3.嚇人的禮盒

當取下盒子口的火柴棒時,以海棉做長頸的鬼臉便會跳出來。

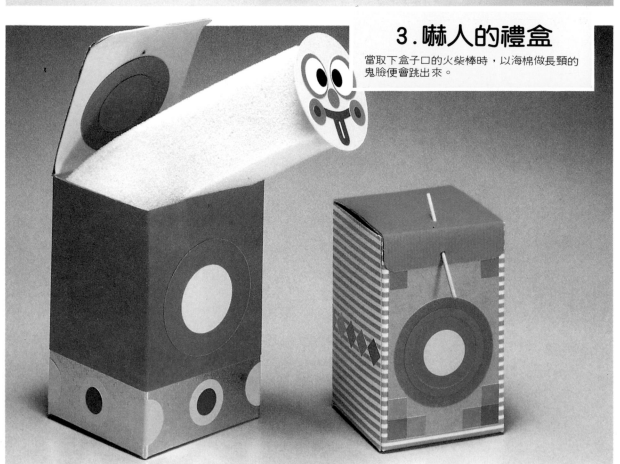

空紙盒的利用

當取下盒子口的火柴棒時，以海棉做長頸的鬼臉便會跳出來。

我們身邊有各式各樣的空盒子，其形狀及構造真是不一而足。譬如：牛奶糖的空盒子，其本身和盒子是分開的，巧克力的盒子亦然；較考究者，還可以利用各種物品的形壯來加以製造，亦可繪上較富變化的顏色及圖形，點綴上美麗的花紋，巧妙地運用在作品上，達到旣有趣味又具美感的玩具。

● 應備工具及材料		
	◎	○
切割工具	✂	✏
接著劑	🥫 薄透明膠帶	厚透明膠帶 雙面膠帶
著色工具	🖊	厚透明膠帶
其 他 (按洞用之工具)	✏	✂

※視兒童的需要與技術，也可考慮其它道具

1. 自動停止的動物

其他材料：黏土、風箏線、圖畫紙、空瓶罐

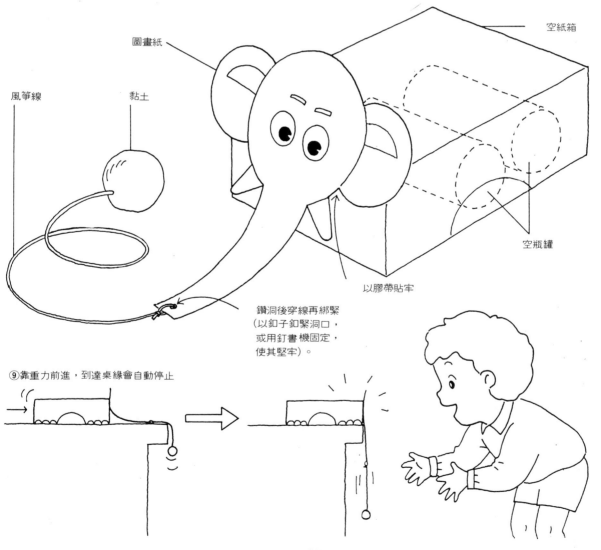

空紙箱

圖畫紙

風箏線

黏土

空瓶罐

以膠帶貼牢

鑽洞後穿線再綁緊
（以釘子釘緊洞口，
或用釘書機固定，
使其堅牢）。

⑨靠重力前進，到達桌緣會自動停止

2.卡車

其他材料：線軸、竹籤

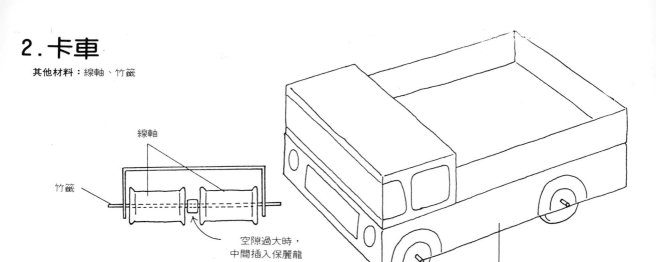

線軸

竹籤

空隙過大時，
中間插入保麗龍

空紙箱(重疊，用漿糊黏著)

3.嚇人的禮盒

其他材料：海棉、火柴棒、圖畫用紙

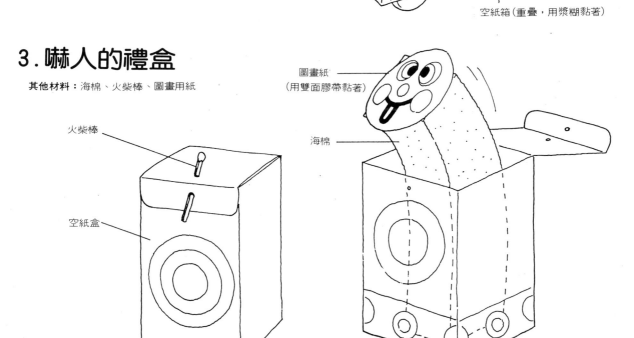

火柴棒

空紙盒

圖畫紙
(用雙面膠帶黏著)

海棉

● 製作要領

不必打開蓋子，
可先用膠布黏起
，畫上圖案

多餘蓋耳剪除

● 也可做此種遊戲
　——相撲

圖畫紙

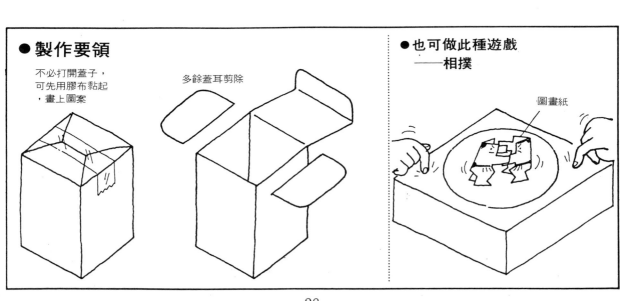

紙袋的利用

1.面具

利用紙袋製成形狀各異的面具，繪上臉譜，
在各種活動或戲劇中，必定十分引人注目。

30

紙袋的利用

紙袋的原始用意是用來裝盛各種物品以便提拿運送的。因此,用漿糊將其黏牢,便是件極堅固的素材。可自各種式樣的紙袋中選擇適合用於勞作的素材。從超級市場中提回來的紙袋,其實可以用來做各種面具,又如利用長型信封袋做成有趣的掌中玩偶來玩。利用紙袋製作玩具,其簡便處在於:可以用剪刀剪,並易於著色及黏合。

● 應備工具及材料			
	◎		○
切割工具	✂ ✎		
接 著 劑	🫙 薄透明膠帶		厚透明膠帶 雙面膠帶 不透明膠帶
着色工具	🖊 ✏ 📄		
其 他 (挖洞用之工具)	🔧		📌

※視兒童的需要與技術,也可考慮其它道具

1. 面具

其他材料: 冰淇淋空盒等

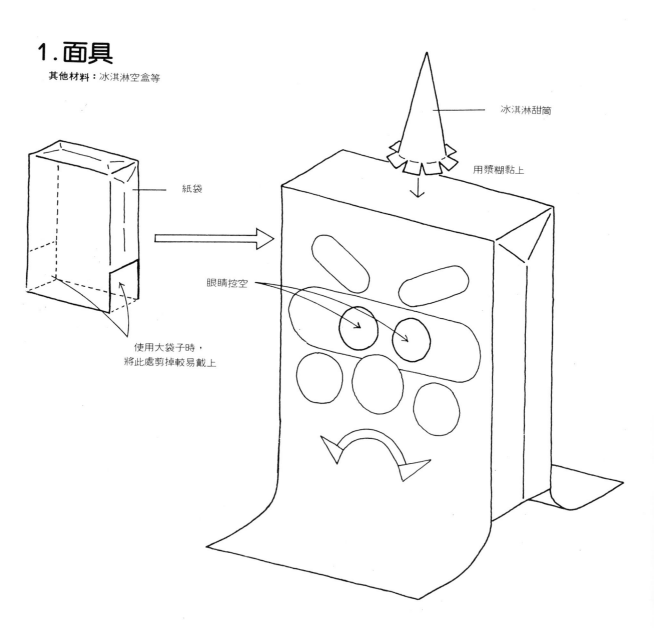

紙袋

冰淇淋甜筒

用漿糊黏上

眼睛挖空

使用大袋子時,
將此處剪掉較易戴上

2.飄動的人臉

用扇子扇風，使之飄動

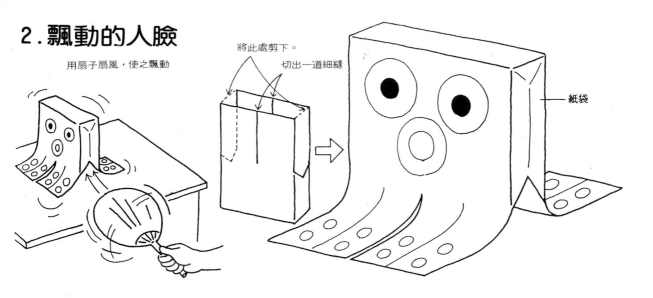

將此處剪下。

切出一道細縫

紙袋

3.掌中玩偶

其他材料：圖畫紙

在耳朵部分穿洞

鼻子部分剪切口

封信袋

圖畫紙

信封袋

紙袋

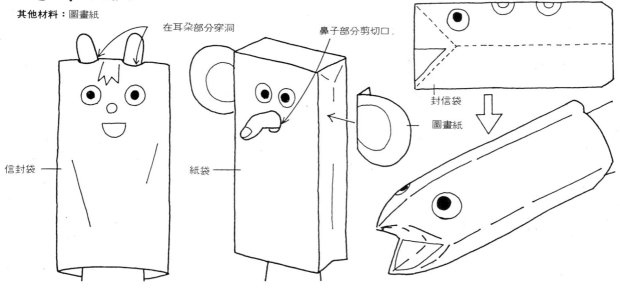

● 製作要領

挖紙袋洞口時，先墊瓦楞紙，
以美工刀割開

瓦楞紙

● 也可做此種遊戲
——紙球

以膠帶固定

穿洞

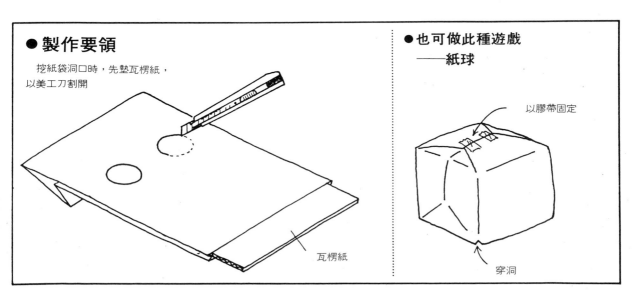

第二章
幼教活動中的禮物製作

首飾的重要性

在兒童四周，經常圍繞著許多可愛的玩具、圖畫或書本。同時幼稚園中美麗的卡片或禮物的材料，也一應俱全。在忙碌的幼教活動中，贈送既成品做為禮物頗為方便，也能使兒童高興。再進一步觀察，我們發現：兒童對手製品的反應頗敏感，這是因為手製的禮物不只表示兒童與禮物間的關係，也表示兒童對幼教老師信賴的程度——自己最喜歡的老師，為自己特別製作的物品是全世界獨一無二的，兒童當然感到欣慰。手製禮物雖然比不上買來的豪華氣派，但十分親切、溫馨，必定打動兒童的心。

在歐美，手製品是表達感激之念最適當的禮物，於此消費主義抬抬之際，禮物是過於形式化了。繁忙的幼教工作中，往往會購買現成的卡片或禮物贈送給兒童，從教育的意義來看，應對手製品的溫馨再加以評估。

傳達心意

禮物這名詞相當於英文的present，而這和給予（give）為語源的另一種稱呼gift（贈物）有所不同，所謂 present 是表現目前的自己，讓我們基於這層意義來思考present所具備的意義。如幼教人員送兒童的生日卡，是將慶賀兒童成長的心意用卡片來代表，而兒童在母親節或父親節所製作的禮物

是將「感激之念」用形式來表現，也就是贈送禮的人，並不只是單單把物品送給他人，而是附上自己的一份真誠敬意與祝福。

從繁忙的幼教活動中，單看禮物的意義，往往會被物品的表面所吸引而流於形式，缺乏製作禮物的誠意。其實，禮物在幼教活動中具備了連繫及溝通親子間感情的意義，這經驗將使兒童在步入社會性人際關係及人格的成長有重大的幫助。

選擇贈與兒童的禮物

幼教人員在贈送兒童卡片或禮物時；應掌握兩項重點：①必需親手製作。②考慮兒童究竟喜歡什麼？

有時，幼教人員為了向幫忙做事的兒童表示感激，常用獎品或語言來表達謝意以示鼓勵，對於不能十分了解文字的兒童而言，文字的吸引力實在不如繪畫，卡片則比獎狀更能產生強烈反應。因此重點並不在他是否拿回家陳列，而在於兒童接受禮物時所流靈的喜悅。

禮物方面，與其表面富麗堂皇，不如選擇兒童喜愛的徽章或垂飾等。如帽子或面具等能掛在身上的物品，即使是零碎的小飾物，也能使兒童感到特別。在佩帶時幼師應附帶獎勵之言，若能配合節慶，更可利用節慶的氣氛，帶動遊戲。

兒童贈送的禮物

在幼教活動中須加入卡片及禮物的製作時，首先應誘導兒童了解：如何將心意傳達在製作的禮物上。

如果是製作母親節禮物，先和兒童交談對母親的感謝，依照此秩序進行，讓兒童將感謝之意製成禮物。

製作禮物前，應同時考慮兒童興趣所在。如果讓兒童覺得是強迫性的，便無法傳達他們的意願。因此，要使兒童真正將自己喜歡及想要製作的意願發揮出來，才能做出最好的禮物。

兒童製作禮物時，應將自己製作禮物過程中的心意讓父母了解。由於兒童表達能力薄弱，父母不妨從作品的表面加以判斷。接受禮物的人若能了解兒童是以何種心情來製作禮物，能帶給兒童更大的鼓舞。

製作禮物時，幼教人員應注意材料的選擇及接受禮物者的立場，盡量選擇能發揮效果的材料。無論是卡片或蠟筆畫，都不如撕紙做成的「撕貼畫」及毛毯或緞帶做成的別針。雖然作法相同，由於材料的不同，使作品在視覺上有明顯差異。所以嘗試各種材料，應用於幼教美勞是絕對必要的事。

對造形的選擇與運用

禮物的製作對兒童來說，具有「目的造形活動」的意義。例如用線縫製或以手編物，都需要耐心製作，如果目的明確，誘導兒童認真投入，便能產生比平時更優良的效果。此外若使用布料或毛線做結繩，也可提高麻花編的技術；而製造盒子時，由平面製成立體，可培養立體感。總之，要製作出優良的卡片或其他禮物，應將造形活動的主題編入幼教課程內。

装飾品 I

1

2

7

裝飾品—Ⅰ

　　兒童們喜歡佩帶小徽章或垂飾，同時，對於他人佩帶自己製作的禮物也特別感到欣慰。雖然技術相同，但若使用材料不同也會產生不同效果。利用緞帶、毛毯、毛線能做出簡單美觀的飾物。不妨將幼教人員贈予兒童及兒童自己作的禮物合併加以介紹，依照用途加以調整應用在活動的課程中。

1.果材別針

①將地瓜橫切，約0.8公分的薄片。
②利用做小甜餅的金屬模型，套在地瓜薄片上。（也可使用小刀切成三角形或四方形等模式。）
③讓它自然晾乾。
④用砂紙將表面磨平。（使表面保持凹凸不平亦可。）
⑤用壓克力顏料著色。（也可先用水彩顏料或噴上水性漆。）
⑥用接著劑貼上別針，或用線綁在別針上再黏到模型上，即告完成。

2.緞帶徽章

①如圖示，用接著劑或漿糊，把緞帶繞到別針上，用剪刀剪斜口。
②用迴紋針折成心形，夾在緞帶上。
③將緞帶首尾黏上，將下角往內折，穿上金色的細帶，結成圓圈或穿成渦形，做為裝飾。

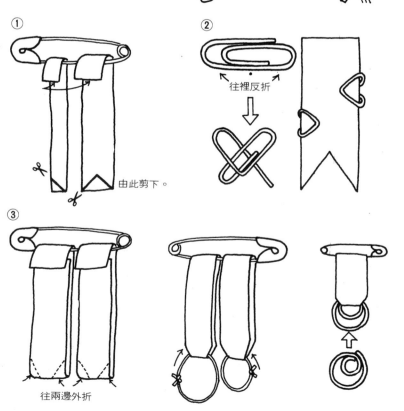

3. 薄紗、胸飾

①將兩種人造花用的薄紗網布剪成10公
分方形。

②將兩條布平放，從背後中間抓起，用
釘書機釘住。

③在釘書針處別上別針。

網布

薄紗

①10cm正方

②用釘書機固定

③

4. 銀球緞帶胸飾
6. 銀球氈材胸飾

①將鋁箔剪成10公分正方，用膠帶黏上
15～17公分長的繩子，把鋁箔捏成球
狀。（繩子兩端皆應固定。）

②把繩子固定在緞帶的中間，打成蝴蝶
結。

③在打結處別上別針。

④如圖①的方式製成鋁球，用釘書機釘
在套上別針的毛氈料及剪成葉片的毛
氈上。

⑤正面釘書針的針痕上再另貼上一片毛
氈葉子。

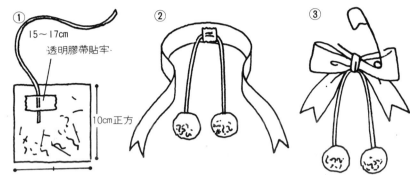

① 15～17cm
透明膠帶貼牢
10cm正方

②

③

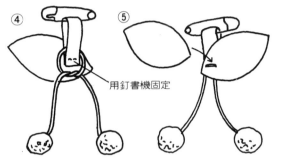

④

⑤ 用釘書機固定

5. 氈材飾物

①把毛氈料剪成圖示的尺寸，將別針穿
上緞帶，用釘書機連同緞帶及毛氈訂
牢。

②將顏色不同的毛氈料，剪成各種形狀
，貼在毛氈料上，並遮住釘書針的痕
跡。

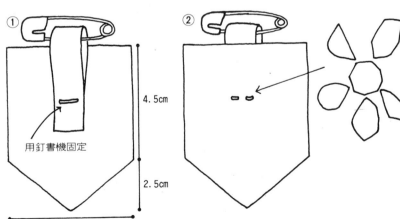

①

用釘書機固定

②

4.5cm

2.5cm

5 cm

7. 緞帶氈材飾物

①如圖所示將緞帶穿過別針，把毛氈剪
成三角形，用釘書機將緞帶及毛氈釘
上。（固定時要使兩條緞帶略為分開
。）

②另外用毛氈料剪成圓形，遮去正面釘
書針的痕跡。

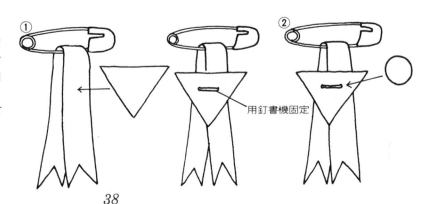

①

②

用釘書機固定

装飾品 Ⅱ

裝飾品 II

1. 緞帶氈飾項圈

①將毛氈料剪成2公分正方對折，在中間剪出小口。

②將膠帶繞在緞帶前端，剪成細尖，以便一一穿過毛氈料。

③將穿過毛氈料的緞帶打成蝴蝶結，小者可做為手鐲。（除緞帶之外也可用毛線做穿引。）

2.4.5. 紙黏土飾材項圈

①（用紙黏土，石碎黏土或麵粉黏土來做）黏土首先應仔細調均勻。

②捏成球狀或桿成平面，用小甜餅的模型來壓，或切成三角形、星形等，將之晾乾。

③待半乾時用針扎出所需之洞口。

④用壓克力顏料著色。（也可用水彩顏料著色，再噴上水性漆。）

⑤將緞帶或毛線前端用膠帶黏牢，並剪成細尖，再把黏土一一穿過。

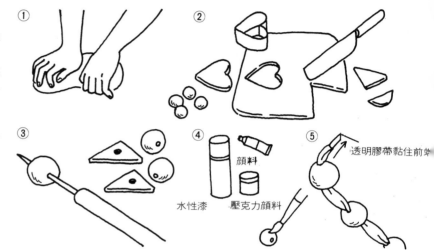

透明膠帶黏住前端

2cm正方

對折剪出溝縫

顏料

水性漆　壓克力顏料

透明膠帶黏住前端

3. 緞帶花飾徽章

①用厚紙板剪成如圖般的底紙。（緞帶寬12—15公分。）

②將緞帶前端如圖示般固定。

③依圖所示（將②翻到另一面）照順序將緞帶繞在星形之上。部分。

④留下約70公分做為掛在頸上的鍊子，再用釘書針固定在中心部份。（釘上2～3處，使緞帶完全固定。）

⑤同樣製成小三角形。

⑥取下底紙，將星形及小三角形之緞帶用釘書機釘在中心部份。

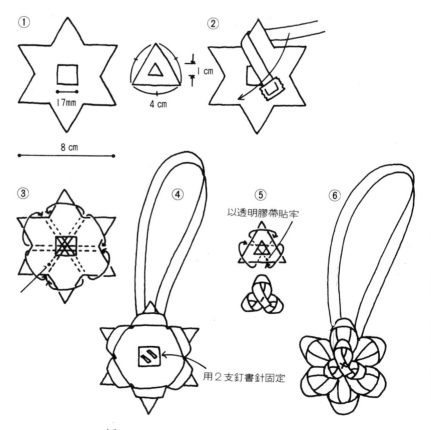

17mm

8cm

4cm

1cm

以透明膠帶貼牢

用2支釘書針固定

6.麻花編飾手環

①以毛氈0.5～0.7公分,長約30公分。
　(若長度不够時,可以黏接或用釘書
　釘來連接。)
②將3條毛氈料用膠布黏貼在桌上。
③編成麻花之後,如圖示將尾線穿進麻
　花編的夾縫。
④利用已剪好的毛氈料捲在麻花編之打
　結處,用接著劑固定。

7.緞帶手環

①將橡皮圈繞兩圈,如圖示,把緞帶穿
　過橡皮圈之後,用釘書針固定。(應
　朝外釘,以免釘書針刺傷手。)
②把毛氈料剪成圓形或三角形,貼在緞
　帶中央。

8.線編毛球項圈

①用厚紙板做成直徑5公分的底紙,中
　心部份剪成圓形,將2公分的毛線(
　一般粗細)2～3條繫在一起,毛線
　前端繞上膠帶。使前端呈尖細狀。
②將毛線繫成寬鬆圓形,如圖所示,用
　膠布黏在紙上。
③一面將毛線穿過中心洞口,一面沿著
　圓周繞,使其均勻。
④繞完後,周邊之毛氈料剪開。
⑤去掉原先固定在毛線上的膠帶,將毛
　線繫牢。
⑦將以上如圖一般,繫在麻花編上。

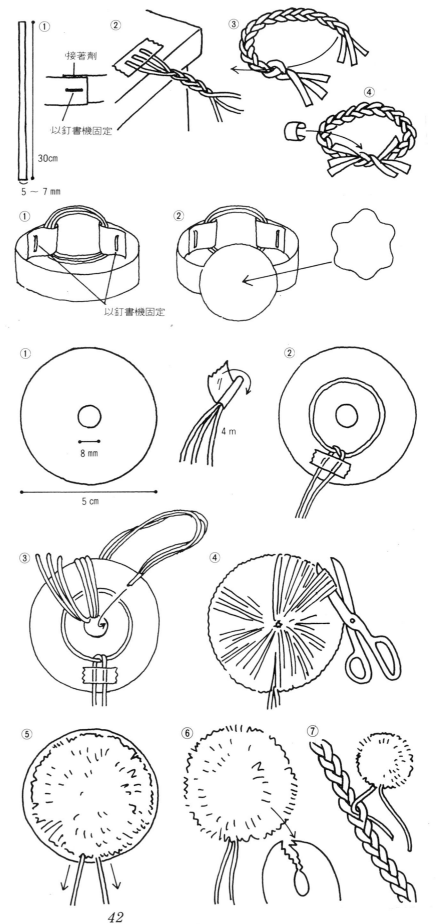

42

圖案胸飾

圖案胸飾

　　兒童喜歡動物或交通工具等具有造型的飾物或垂飾，在幼教的教材中可加以利用，當我們讚美或表示謝意時，即可做為禮物替兒童佩戴。兒童喜愛的飾物或垂飾比比外表美觀的卡片或獎狀更能表達心意。同時，可做為生日派對時的禮物，或在入園、畢業典禮時做為紀念，也頗受歡迎。

1.緞帶的應用

①將厚紙板等貼在有色的圖畫紙上，剪成7公分（如果使用圓規刀（Circle Cutter）時，可切得既整齊又方便，正方便，正方形則剪成7公分正方。）

②依圖所示將緞帶穿在別針上，用釘書機固定，垂飾則將緞帶在中間交義用釘書針固定。

③用紙另外剪成各種圖樣，貼在正面。

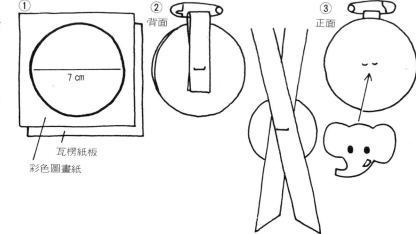

2.髮夾、迴紋針的應用

①將膠帶如圖示，用髮夾夾上。

②貼於做好之飾物背後。

③使用時可夾在衣袋上。

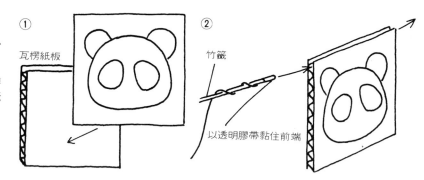

3.瓦楞紙板的應用

①將圖形貼在色紙上，另外用形狀略小的瓦楞紙板做襯底，黏一貼在一起。

②利用瓦楞紙板中波浪狀的縫溝，穿過線或繩子。穿線時，可將線繞在竹籤上用膠布黏上前端。

4.小卡片形式的應用

尺寸為對折後7公方。

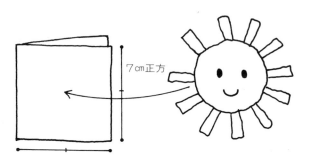

頭飾及面具

3

4

5

8

頭飾及面具

　　兒童最喜歡讓自己像變魔術般產生變幻。頭飾及面具一來可滿足兒童的此種幻想，加上做法簡單，不妨讓他們親手製作，且可在表演動物遊戲或戲劇時派上用場。不但如此，頭飾還可做生日派對禮物。收到禮物的兒童將會整天感到做主角的光采，一直戴在頭上。

　　做頭飾或面具的基礎十分簡單，若在部分飾物上賦予立體感，即可十分逼真，更顯氣派，不妨多運用巧思改良。

1.鳥形面具

①依兒童頭部尺寸，用厚紙剪成帶子，如圖示，附上橡皮圈，折疊處貼上膠布來增加強度。

②如圖示做成鳥臉造形，鳥嘴用不同的紙來製作使其尖銳。

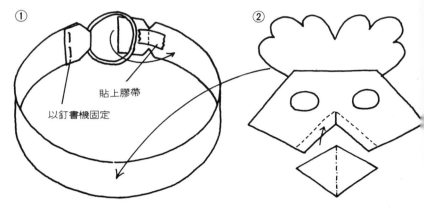

貼上膠帶

以釘書機固定

2.機器人面具

厚紙對折如圖示，剪成面具的形狀，貼在圖般眼睛上方。

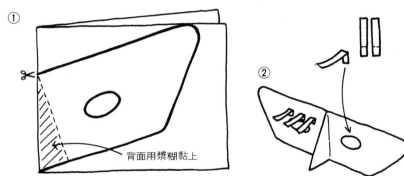

背面用漿糊黏上

3.皇冠

如圖示做好底紙，把緞帶結成裝飾，用釘書機釘在上面做偽裝飾品。

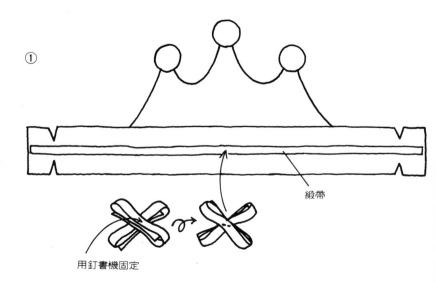

緞帶

用釘書機固定

4.衛兵帽
5.站長帽

①如圖示,斜線部份黏上漿糊,貼在帶子上。帽沿部份留下虛線,兩端用釘書機釘好。

②帽沿部份剪成如圖示般缺口,然後貼上另已剪好的緞帶遮住釘書針,背後黏上漿糊。

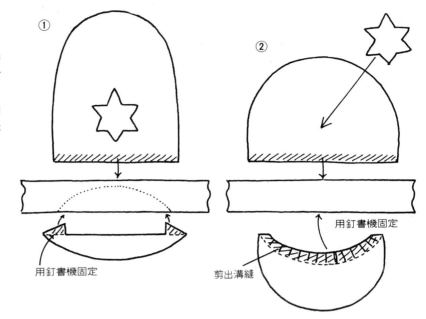

用釘書機固定

用釘書機固定

剪出溝縫

6.印第安頭圈

①不妨對各種羽毛加以利用。也可利用雙色色紙來做羽毛。

②用手撕成各種形狀,如圖示。

③把有色圖畫紙捲成筒狀,黏合用剪刀在開口處剪開,使其向四面開展。

④畫上圖形般羽毛,並排貼上。

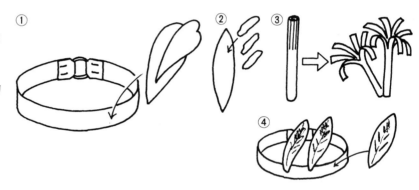

7.化粧眼鏡

將面具模型貼近臉部,找出眼睛位置並做記號,然後剪出洞口。在眼睛部位的附近穿洞,附上橡皮圈。

8.動物面具

不妨參考動物造型,加以利用。

帽子

3

5

52

帽子

在戲劇遊戲或生日派對等活動中，想造成異於平日的效果，帽子是有趣而方便的道具。由幼教人員事先準備做土耳其帽或動物帽等的基本部份，再由兒童們製作帽子上的裝飾或動物圓形的各種表情等。折紙做成帽子，做法簡單，戴起來又方便。最好在平時便收集美觀的包裝紙或英文報紙等材料做好時如加上星星或羽毛等飾物，可增加創意及可愛的意味。

1. 提洛爾帽

①～⑤將彩色圖畫紙或包裝紙裁成長方形（大約8開）依圖示步驟折疊。
⑥向後上折疊，使其略帶弧度。
⑦紙剪成星形貼在帽上。
⑧也可將背面反過來戴在前面。

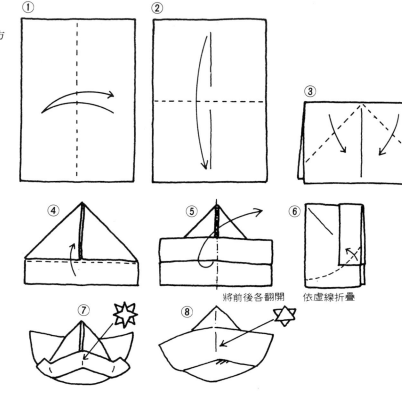

將前後各翻開　依虛線折疊

2. 動物造形帽

①如圖所示剪出扇形，捲成筒狀，用釘書機固定。
②用鉛筆捲紙，做成象鼻。
③狗鼻加上折痕顯出立體感，折後黏上漿糊，背後斜線部份黏成如圖示。

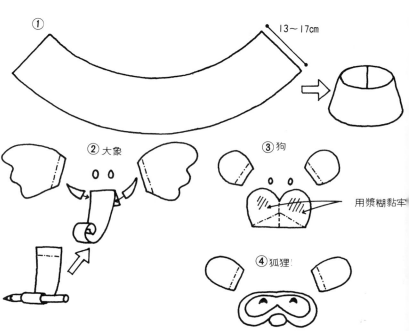

13～17cm

②大象　③狗

用漿糊黏牢

④狐狸

3.土耳其帽

①如圖所示將紙剪出扇形，捲成筒狀，
　用釘書機固定。
②剪一細長條紙或緞帶，用鉛筆捲起。

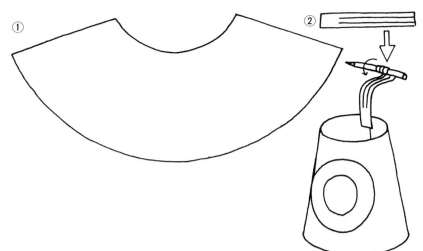

4.船型帽

①～③使用包裝紙或彩色圖畫紙，如圖
　般折疊。
④將邊緣朝兩側往上折。
⑤將正面加上星星，也可將尖形朝前面
　戴。

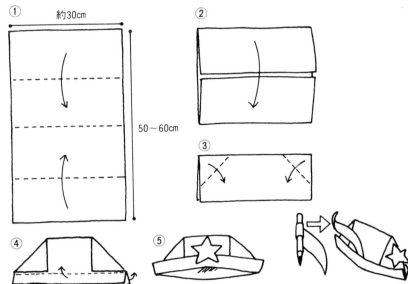

5.杯型帽

①～②將正方形紙，如圖示般對摺。
③將上面一層放入袋狀內。
④～⑤翻過反面，如步驟③。
⑥加上裝飾。

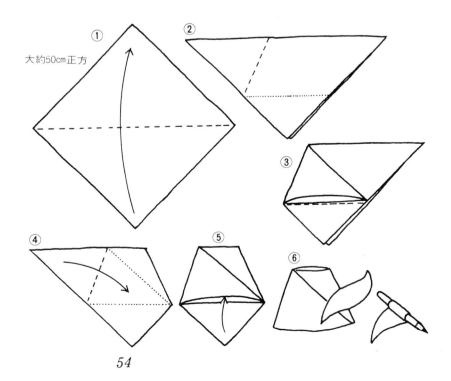

54

第三章
幼教活動中的手製玩偶

兒童與玩偶的關係

　　許多兒童在幼年的成長期間，便把玩偶做為吉祥之物。兒童把稚嫩的美夢寄託在玩偶上，很自然地賦予玩偶生命。在幼兒時期，這對於情操教育具有重要的意義。

　　兒童不只將大人贈送的玩偶、親手製作的玩具、動物及其他物品視為珍寶，同時將感情也投注在這些沒有生命的物件之上。因此，兒童製作的玩偶都具有生命。擁有玩偶的兒童，自然會產生與人溝通的親切感，也必定與友人共同演出偶人戲。

　　利用玩偶透過戲劇的形式來表現樂趣，是讓兒童傳達心聲的一種寓教於樂的方式。當然，並非單單表演就能了事，還要能傳達出他們的夢想，首先便讓他們親自體會製作的喜悅。

　　常言道：「要讓他欣賞，必須要他能接受。」因此，要從較簡單而且容易的玩偶開始，否則想得到兒童的共鳴是極困難的事。

　　會引起兒童共鳴的，到底是什麼呢？

　　很明顯，若只單純具備兒童的形象及聲音還無法與兒童溝通，若只是配合兒童而降低大人欣賞的水準恐怕無法引起兒童的興趣。使兒童感到喜悅的世界，也就是大人很久以前就已放棄的世界。問題在於：如何去尋回兒童喜悅的世界？

　　幼教人員為兒童準備戲劇表演時，往往會想達到演出的水準而要求過高，並過分考慮時間的因素。所以若只是用敍述來代替重要表演，將會使喜悅的表達從此消失。

　　在玩偶戲中，常可見到人物滑稽的表演，或動作不適當缺乏表情及模仿說台詞等不自然的動作。儘管如此，兒童與玩偶間的關係，卻遠比大人想像中的更為親密。即使手製玩偶看來簡陋，兒童也將之視為生動且能傳達感情的依存。

　　因此，當我們拿著用信封做成的玩偶，千萬別以為這玩偶缺少了胳臂，就沒有足夠條件做為戲劇偶人。是否附上胳臂且適度操作並非重點，因為玩偶是否附有靈魂，完全在於製作者所賦予的生命感。

描寫兒童的心境

　　兒童在幼年時期，大人應傳達做人的基本態度給予兒童。因此，各種偶人應賦予童話中精靈般的角色，使玩偶能溫柔地與兒童溝通。想使兒童有良好的生活習慣，玩偶即扮演強烈說服力的角色。

　　不要藉著玩偶來說教，儘量反映出兒童的心理及群體形象。在幼教人員的表演中，兒童若能從中發現自己的影子，便能產生共鳴，從中體會出錯誤時的教訓。

與其模仿，
不如發揮自我創意

在嘗試造型構造時，有人會先畫出細密的設計圖，依設計圖製作；也有人不使用設計圖而直接製作。直接製作的方式通常會一面製作一面嘗試成敗，但最後能發現出基本的造型。

本章在作法的說明時，盡量不明示尺寸，這是為了要避免讀者完全依照現有尺寸去依樣畫葫蘆，製作者應珍惜自己的想法來創造，有了這層認識，只要了解作法，即能自由改變大小。所以先了解基本的作法，再去改變造型並完成它，才能表現自我的創意。

在本章中，介紹了利用球形或玻璃等素材來製作的方法。奧佛拉左夫這位偉大的作家，建立了球型玩偶的型式。藉著樸素的球體產生各種表情，用玩偶表達出人類基本的表情，可說是革命性的創舉。雖然有人極欲模仿，即使模仿得再好，也不算是創作，讀者一旦掌握基本的創意，便可自己運用巧思獨樹一格。

表達心中的樂趣

過去的教育中不太重視樂趣的表達，現在既然製作玩偶，對於樂趣表達應有強烈的意識。尤其在幼稚園環境中，用視覺與音樂

做傳達的機會甚多，若將玩偶有效加以表達，也可發揮壁飾的戲劇性。

若要達成樂趣，必先表現出喜悅感，說話聲音要清晰自然，大可不必過份戲劇化，適切的表演可使內容更為生動有趣。

季節性的傳達

我們常聽說兒童不了解季節性，乃是因為現代兒童與大自然接觸的機會較少。因此，應設法補充兒童這方面的體驗。

玩偶的製作並不一定要將季節感或活動傳達給他人；不過若能兼顧創意的啓發同時發揮季節和月份的特色，也很不錯。為了讓兒童到學校時能感受到新鮮感，製作的玩偶當然不一定要形體完整或美麗；也可使用簡單的串連玩偶、手套玩偶或棉花捏成的雪人。

透過經驗不斷累積，學童的表達能力會逐漸進步，所以不要嫌麻煩，愉快地投入玩偶的製作及表達。

能表現個性的玩偶

大人命令的方式及兒童自動去製作物品，效果當然有所不同。也不必為了要做給兒童看，而故意製作出粗劣的作品，如此便失去意義。也不要採用不搭調或缺乏親切感的玩偶。兒童的童心，是大人無法完全表達的，我們只能從兒童的外表加以模仿而已！

當大人想表達訊息給兒童時，往往會勉強地模仿兒童稚趣的動作，例始撒嬌、愛哭或無理取鬧、胆小、可愛等變化，這是重大的錯誤。在玩偶製作及表達時應注意這點。

至於兒童親自製作的物品，必能表達兒童自我的個性。同樣用黏土做大象，雖然大人能模仿出大象的形狀，却很少能深刻表達大象的靈魂。而兒童所製作的物品，雖然形體幼稚，却具有親切感，能打動人們的心。

換句話說，製作乃是在表現個性。兒童共同製作的動物園，以各種造型及樸素的表情來傳達他們個別的性格，令人彷彿能聽到動物的交談。所以，集合每位兒童製作的花朵或畫像，必有可觀的效果。

至於兒童與玩偶間的感受及交流，則有待幼教人員從實際的角度來觀察，使兒童有更多機會地透過玩偶表現出自我的個性，進而適應環境。

動物面具立體造形

以動物造型做成新入園兒童的姿態，在胸前佩帶名牌。用紙做成圓錐形，並附上衣袖及手，便形成身體而易於擺設。若將頭取下而伸進手指，即可當紙玩偶，基本形式以猴子為主，但可廣為發展成各種動物。

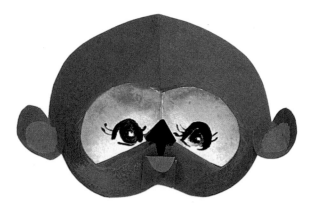

● 材料及工具　　剪刀、釘書機、廣告顏料、漿糊、筆、彩色畫紙（或肯特紙、薄牛皮紙。）

●製作方法

①將彩色畫紙對摺，用鉛筆描出猴子的臉，並用剪刀剪下，應注意下方剪口的角度。

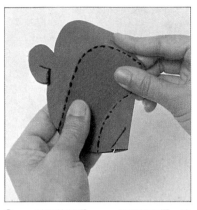

②……線部往外摺，- - - -線部往內摺，使其顯出凹凸的立體面。

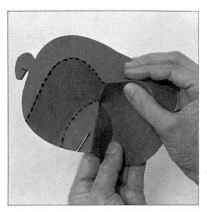

③打開摺成的紙張，另一側也同樣摺出凹凸面。

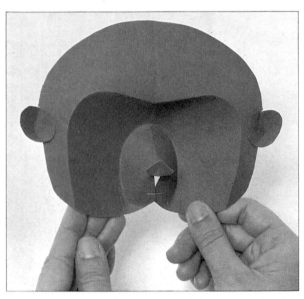

④中央偏下方剪口，向上凸者朝內摺，做成三角鼻形，鼻下左右交疊以顯出立體感，用釘書機固定，將耳朵做成皿狀用漿糊固定。

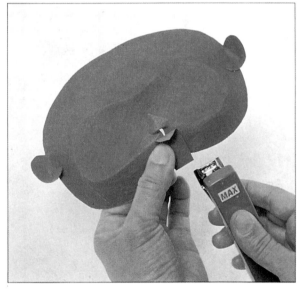

⑤在鼻下重疊處，用已做好之嘴唇黏上（參考下一頁的圖示）。

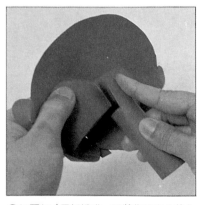

⑥把頸部（用紙捲成，可將指頭由此伸入的筒狀）裝在面具背後。

⑦用不透明水彩顏料著色（使用肯特紙做材料時，將薄牛皮紙貼在整個臉譜上，乾後再著色，若面具背後亦貼牛皮紙時，可使面具更堅固，也可遮去釘書針的痕跡。）

動物面具立體造形

作品特徵及應用

　　當兒童製作面具遊戲時，是屬於平面創作。立體面具則利用紙折出隆起及凹陷所產生的立體感。而且加上可伸進手指頭的頸部成為紙玩偶。若用其他紙張做成圓錐形（身體）便可拿來當擺飾。

　　材料則選擇彩色畫紙或肯特紙等質地厚且挺的紙材。

　　使用肯特紙時，做好的形狀後再在正面貼上較薄的牛皮紙（也可同時貼在邊緣）。薄牛皮紙可增加堅固性，若用釘書針露在外側，往往會引起意外受傷，所以應貼上薄牛皮紙以確保安全。

　　製作重點如：鼻部要剪切口（參考前一頁圖①）。把剪口左右重合固定，可使面具的下方變窄。在決定形狀時應注意下列各點：㈠畫草圖時，鼻子剪口的線條以四十五度角為宜，避免過寬。㈡著色

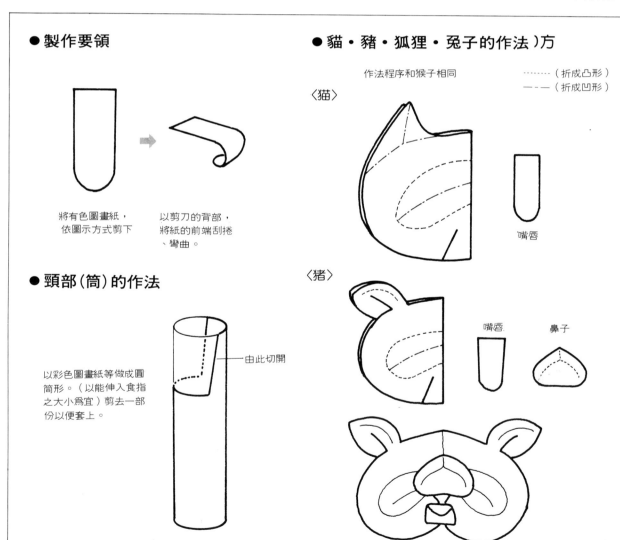

● 製作要領

將有色圖畫紙，依圖示方式剪下

以剪刀的背部，將紙的前端刮捲、彎曲。

● 頸部（筒）的作法

以彩色圖畫紙等做成圓筒形。（以能伸入食指之大小為宜）剪去一部份以便套上。

由此切開

● 貓・豬・狐狸・兔子的作法（方）

作法程序和猴子相同

‥‥‥‥（折成凸形）
──（折成凹形）

〈貓〉

嘴唇

〈豬〉

嘴唇　　鼻子

：使用彩色畫紙時，應考慮作品的主題。部份著色時，色彩應選擇配合童話人物生動可愛的表情，眼部不要剪得太上方，在適當的位置才能顯出效果。

㈢實際的應用：經常製作擺設在幼保教室內，能創造出歡樂的氣氛。玩偶亦可放在指頭上交談或說故事，並不一定要採用固定的故事。當幼師與兒童談話時，若透過各種動物的造形（面具）來進行，能使兒童對語言內容變得敏感。也可做為新生入園時交談的工具，讓兒童養成對話的習慣，也可讓他們擁有各自愛哭的、粗暴的、溫柔等個性的玩偶，必能有更大的效果。

同時，讓兒童擁有放在手上表演自己喜歡的動物，互相談談的玩偶。

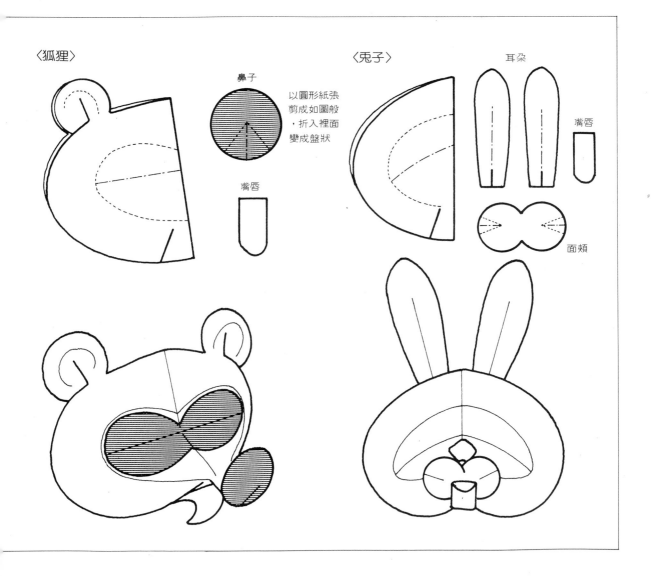

〈狐狸〉

鼻子

以圓形紙張剪成如圖般，折入裡面變成盤狀

嘴唇

〈兔子〉

耳朵

嘴唇

面頰

動物傀儡玩偶 I

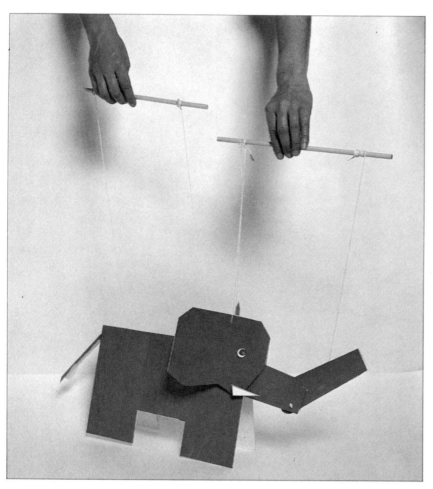

　　正確的傀儡操作，只使用兩條竹棒，簡單的傀儡玩偶如小象，由於其素材為厚紙板且做成山形，故有安定感。

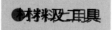材料及工用具  　剪刀、美工刀、膠帶、水彩顏料、筆、廣告顏料、厚紙板、細棒、風箏線。

● 製作方法

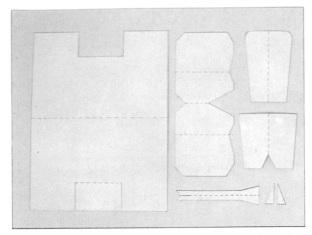

① 在厚紙板上先畫好小象的造型：身體、頭部及鼻子（上下）尾巴及象牙呈三角形狀，用美工刀分割開（除象牙外，其他部分應左右對稱）。在此階段即應著色。

② 製作身體。在背部對摺，用膠帶將腹部固定（最好在腹部預先留下黏貼漿糊部分）。

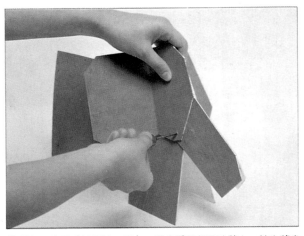

③ 將頭、鼻子（較粗的一端）、與身體前部同時裝上。首先將鼻子插入身體前部內側，後將頭部夾在上面，用錐子戳穿頭、身體及鼻子。

④ 取長約10公分的圓棒（或竹棒）插入洞入（要貫穿到外一側，使頭部、身體及鼻子都穿過）。

⑤ 將圓棒貫穿至另一側，裝上頭及鼻子。

⑥ 在鼻子較粗一截的前端，插上另一較細之鼻，用錐子穿洞，用風箏線固定（另一側作法相同）。再裝上尾巴，竹棒兩端貼上象牙，繫上操作線。

動物傀儡玩偶 I

作品特徵及應用

　　利用厚卡紙做成傀儡玩偶，並非使用正式的操作板，而是附上兩根細棒做簡單的構成，便能表現出眾的動作。

　　完全是運用頭、身體及鼻三部份所構成之造形。鼻子部份可彎曲或伸直。由於身體摺成山形，因此頗為安定且不易翻倒。

　　實際的運用：一面操作玩偶一面講故事。一面向兒童討論象的外形，一方面表演出眾的動作。例如談到象鼻子的動作時可表演大象噴水的模樣，活動象的鼻子，可由教師先表演再由兒童們輪流演出。

　　此外，一面與兒童交談，一面談及有關象的種

● **身體的作法**

沿虛線折疊

沿虛線折疊

沿虛線折疊

剪開此處

剪開此處

黏貼漿糊

● **面頰的作法**

沿虛線折疊

沿虛線折疊

沿虛線折疊

種。例如一面談及象能運用靈活的鼻子搬運木材、把人背在背上及象的叫聲、重量或象能騎在球上表演特技等，一面操作玩偶。

如果能將玩偶在兒童面前做生動的表演來突出象的特徵，兒童卽能和玩偶溝通，而從玩偶上看出眞正大象的形像。

由於此處所列作品屬於小象，若能另外造一具更大的象，同時加以操作，可做更廣泛的應用，使遊戲範圍更加擴大。

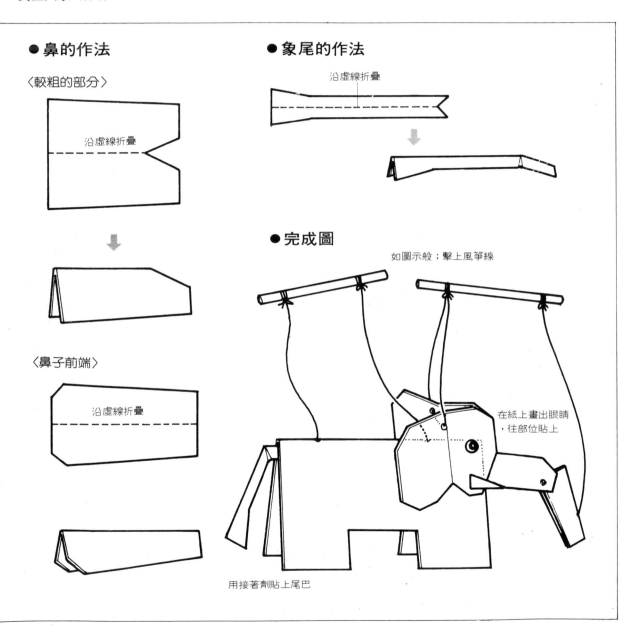

● 鼻的作法

〈較粗的部分〉

沿虛線折疊

〈鼻子前端〉

沿虛線折疊

● 象尾的作法

沿虛線折疊

● 完成圖

如圖示般；繫上風箏線

在紙上畫出眼睛，往部位貼上

用接著劑貼上尾巴

動物傀儡玩偶 II

先用厚紙板剪成蛇身，再將有色模造紙每兩片交錯下粘合在接縫處，用線操作，會使摺痕如蛇腹般伸縮，蜿蜒蛇行的動作。也可整體疊在一起，也是有趣的地方。

將繫在翅膀上的兩條線往上拉，會使翅膀收起；將線放鬆，翅蛇便能向左右張開。在羽毛最外側前端（背側）貼上一種較輕的鉛錘，使羽毛容易開啓。

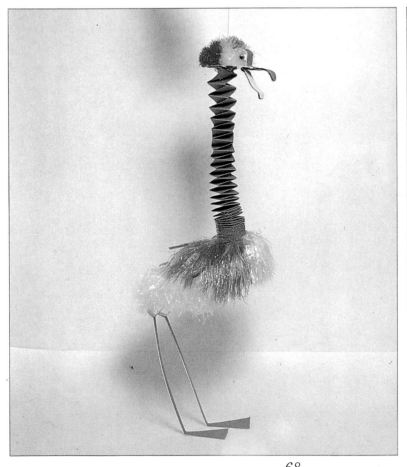

以塑膠繩做成紅鶴的羽毛，拉動繫在頭部的線時，能使紅鶴上下飛舞，讓羽毛輕輕飄動。

動物傀儡玩偶 Ⅱ

作品特徵及應用

這裡介紹的都和象一般，屬於板狀的傀儡玩偶造形。每種也都匠心獨具地掌握動物的特徵。

折疊的蛇雖生硬却能表達其彎曲的形狀，同時也帶著可笑的幽默動作。孔雀的重點則在於能將羽毛快閉，將頭上的線放鬆，便能讓色彩華麗的羽毛伸展開來。

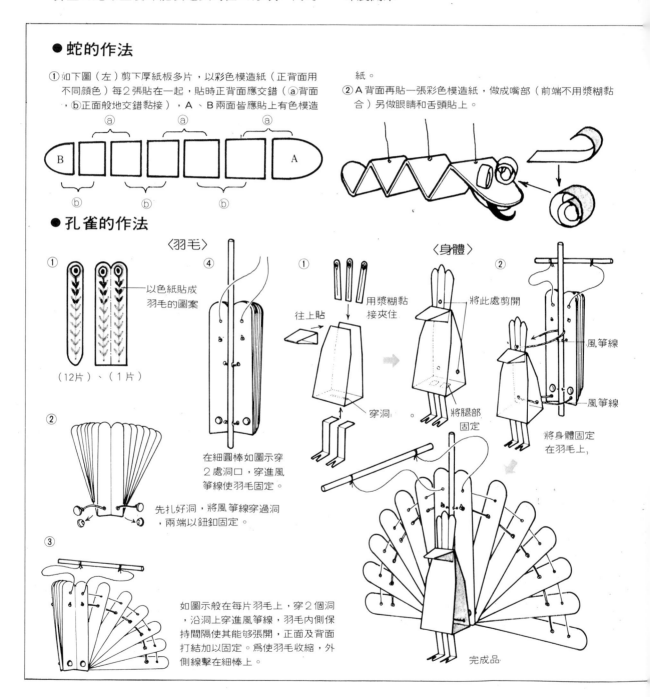

● 蛇的作法

① 如下圖（左）剪下厚紙板多片，以彩色模造紙（正背面用不同顏色）每2張貼在一起，貼時正背面應交錯（ⓐ背面，ⓑ正面般地交錯黏接），A、B 兩面皆應貼上有色模造紙。

② A 背面再貼一張彩色模造紙，做成嘴部（前端不用漿糊黏合）另做眼睛和舌頭貼上。

ⓐ　ⓐ　ⓐ

B　　　　　　　A

ⓑ　　ⓑ　　ⓑ

● 孔雀的作法

〈羽毛〉　　　　　　　　　　　〈身體〉

① 以色紙貼成羽毛的圖案

（12片）、（1片）

②

③

④ 在細圓棒如圖示穿2處洞口，穿進風箏線使羽毛固定。

先扎好洞，將風箏線穿過洞，兩端以鈕釦固定。

如圖示般在每片羽毛上，穿2個洞，沿洞上穿進風箏線，羽毛內側保持間隔使其能夠張開，正面及背面打結加以固定。為使羽毛收縮，外側線繫在細棒上。

① 用漿糊黏接夾住

往上貼

穿洞

② 將此處剪開

風箏線

風箏線

將腿部固定

將身體固定在羽毛上。

完成品

至於紅鶴的特徵，在於使用彩色模造紙來做成的頭部及塑膠繩做的羽毛。為使動作穩定，可在脚上加上重物，將羽毛加長做出在空中飛舞的動作時，能顯出悠雅的飄盪。

運用方法與前一章的傀儡象相同，多方面運用巧思來研究，必能做出出乎意料的動作。

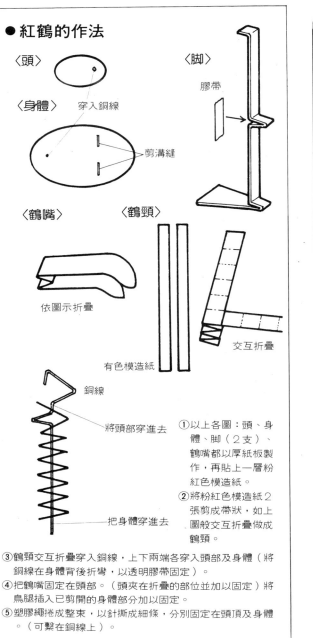

● 紅鶴的作法

〈頭〉

〈身體〉　穿入銅線

剪溝縫

〈脚〉

膠帶

〈鶴嘴〉　〈鶴頸〉

依圖示折疊

有色模造紙

交互折疊

銅線

將頭部穿進去

把身體穿進去

① 以上各圖：頭、身體、脚（2支）、鶴嘴都以厚紙板製作，再貼上一層粉紅色模造紙。

② 將粉紅色模造紙2張剪成帶狀，如上圖般交互折疊做成鶴頸。

③ 鶴頸交互折疊穿入銅線，上下兩端各穿入頭部及身體（將銅線在身體背後折彎，以透明膠帶固定）。

④ 把鶴嘴固定在頭部。（頭夾在折疊的部位並加以固定）將鳥腿插入已剪開的身體部分加以固定。

⑤ 塑膠繩捲成整束，以針撕成細條，分別固定在頭頂及身體。（可繫在銅線上）。

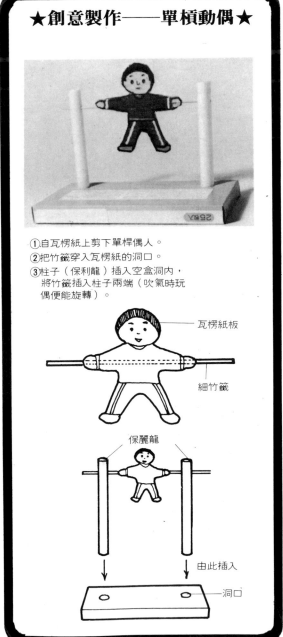

★ 創意製作——單槓動偶 ★

① 自瓦楞紙上剪下單桿偶人。

② 把竹籤穿入瓦楞紙的洞口。

③ 柱子（保利龍）插入空盒洞內，將竹籤插入柱子兩端（吹氣時玩偶便能旋轉）。

瓦楞紙板

細竹籤

保麗龍

由此插入

洞口

聖誕老人面具

　　利用厚卡紙為素材，剪成細長的帶狀，用釘書機釘成形狀。
以厚紙板為材料時，上面必須貼上膠帶及牛皮紙才能堅固。完成
後若妥善使用，可保存長久。面具大小可依佩戴人的年紀斟酌；
除了人物之外，也可做動物面具。

剪刀・釘書機・膠水・
廣告・原料・厚卡紙・
棉花・紅布

● 製作方法

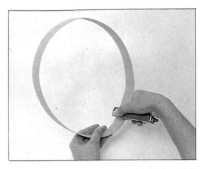

①將厚卡紙剪成寬約2公分的帶狀,繞成圓形用釘書機固定。(圓圈的大小配合戴面具人的臉部)。

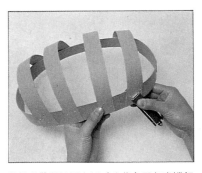

②剪成帶狀的厚卡紙(4條)用釘書機釘在面具正面。

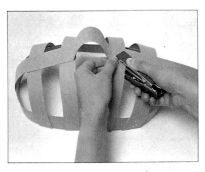

③把厚卡紙條固定在面具的中心線(使鼻子隆起)。

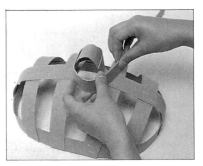

④再用厚卡紙條圍起,使鼻子隆出後用釘書機固定。

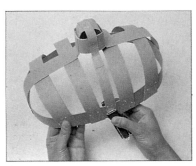

⑤用寬約1公分的厚紙條加強鼻子的單元,使它更牢固。

⑥依照面具的縱線,將厚紙條用釘書機固定,逐漸地將帶與帶之間的縫隙填補起來。

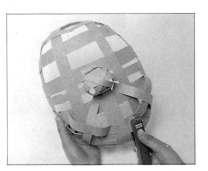

⑦決定面頰凸出的位置,將已做好的十字形紙條用釘書機釘牢。

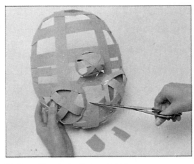

⑧將面頰凸起部份的周圍補上,用釘書機固定後剪開口部。

⑨加上耳朵(參考下一頁)。

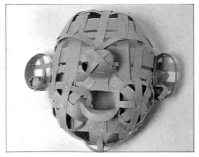

⑩填滿空隙後,在額頭下方加強輪廓並附上下嘴唇(參考下一頁),同時強調下額部份,使其隆起。

⑪先在面具正面貼上膠帶,裡外再勻貼上牛皮紙。

⑫等完全乾了之後,用廣告顏料著色,並以棉花做爲眉毛及鬍子等(也可用紙張代替棉花)。

聖誕老人面具

作品特徵及應用

　　將厚的西卡紙剪成帶狀（寬二公分）做成堅固耐用的面具。由於一面用釘書機固定，一面塑造形狀，因此只要了解步驟後，人人皆會做。鼻子、面頰部份加強凸起；嘴部亦可開洞，說話時才不會阻止音量。

　　面具大小可依佩戴人的臉來自由調整，同時也

可選擇人物或動物製作，無論選擇何種造形，在製作時都得將紙帶與紙帶之間的縫隙填滿，正面貼上膠帶可遮掩表面上的凹凸不平，而使其平滑。

　　製作時應注意下列各項：㈠釘書機的使用時，應從裡朝外釘（避免佩戴時傷到臉部）。㈡眼洞不必特別留大，即使是小洞也可清楚看到外面，眼位

●面頰的作法

以厚卡紙剪成帶狀，做成如圖示般形狀。

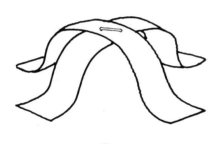

用釘書機固定在頭上（先以帶狀厚卡紙繞成鼻子）。

●耳朵的作法

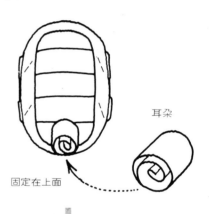

耳朵

固定在上面

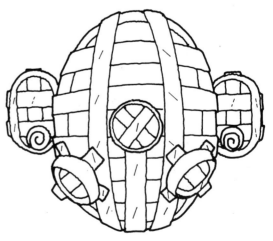

臉部左右兩側用釘書機固定

也不一定要在眼部，但留洞時不妨先佩戴再決定。㈢著色時可用廣告顏料。㈣面具背面若貼上薄牛皮紙會使裡面變得很平坦。

在聖誕節的聚會中，打扮成聖誕老人。若製作成立體造型反映出正面及側面的表情，可收到良好效果。

製作成面色紅嫩、臉形豐滿的面具，可使表演者忘記面具的存在，專心扮演聖誕老人。

表演時避免一眼望穿表演者的本來面具，應運用巧思粧扮，勿在兒童面前隨意佩戴及拿下面具。

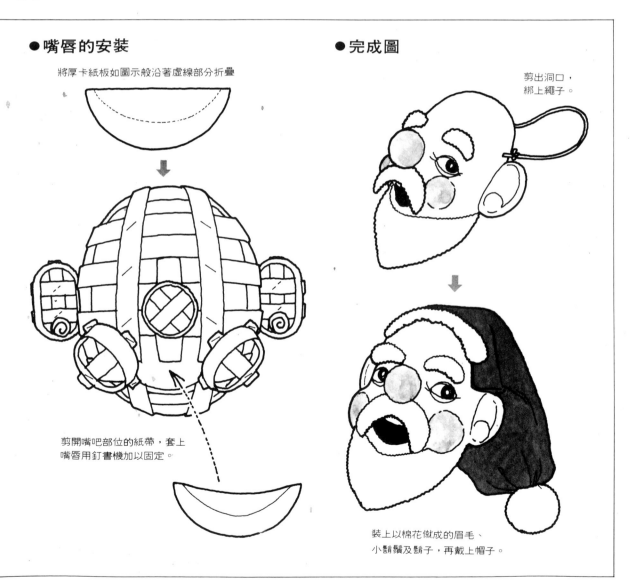

● 嘴唇的安裝

將厚卡紙板如圖示般沿著虛線部分折疊

剪開嘴吧部位的紙帶，套上嘴唇用釘書機加以固定。

● 完成圖

剪出洞口，綁上繩子。

裝上以棉花做成的眉毛、小鬍鬚及鬍子，再戴上帽子。

 # 合唱天使及聖誕卡

以乒乓球般大小的保麗龍製成的合唱團及天使們的頭部，合唱團玩偶的頸部裝有短棒，插在用厚卡紙做成的圓錐形身體上。背景（教堂內部）畫在厚紙板上，剪下形狀貼上彩色玻璃紙。天使的身體用紙杯做成，以繩子吊起。

把對摺的卡片掀開，表現出各種立體動作。耶誕老人張開雙臂或讓天使站立等等的簡單動作。有時也可以略運用巧思，使耶誕老人從煙囪出現，或合唱團舞台向前移動等有趣設計。

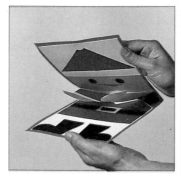

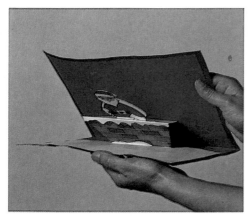

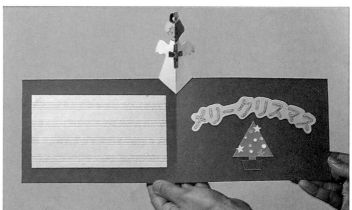

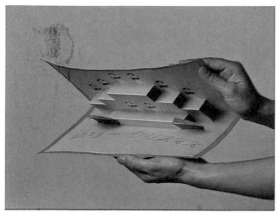

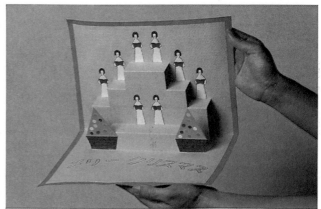

合唱天使及聖誕卡

作品特徵及應用

合唱天使是以球狀保麗龍及圓錐形紙製作造型。保麗龍球附上短棒插入圓錐形的身體。製作頭部時可在保麗龍體上挖出五官輪廓,也可以另用保麗龍做成鼻子等五官再黏在上面。天使同樣用保麗龍球做為頭部,身體及翅膀用紙杯來做,保麗龍球本身是白色,只要將描上五官,便能搭配,予人清爽的印象。這種方法也可以用來製作太空人。具立體感的聖誕賀卡,最好採用圖案造形溝圖。

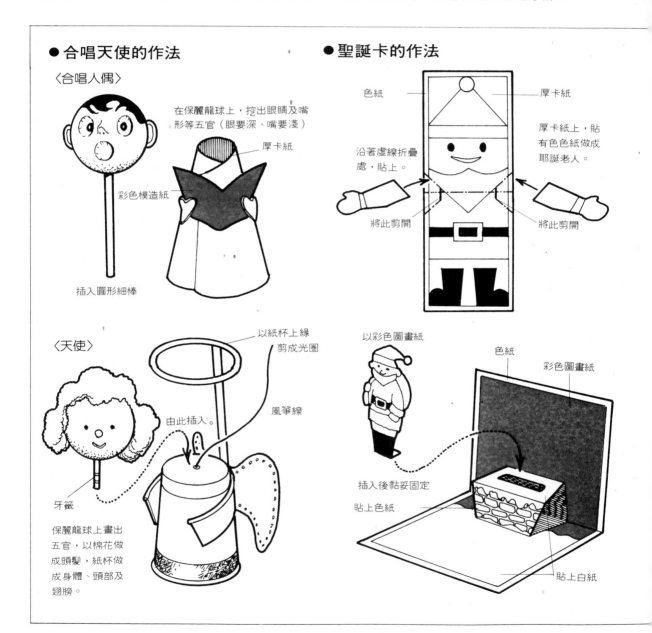

● 合唱天使的作法

〈合唱人偶〉

在保麗龍球上,挖出眼睛及嘴形等五官(眼要深、嘴要淺)

厚卡紙

彩色模造紙

插入圓形細棒

〈天使〉

以紙杯上緣剪成光圈

由此插入。

風箏線

牙籤

保麗龍球上畫出五官,以棉花做成頭髮,紙杯做成身體、頭部及翅膀。

● 聖誕卡的作法

色紙

厚卡紙

厚卡紙上,貼有色色紙做成耶誕老人。

沿著虛線折疊處,貼上。

將此剪開

將此剪開

以彩色圖畫紙

色紙

彩色圖畫紙

插入後黏妥固定

貼上色紙

貼上白紙

77

將合唱團玩偶裝飾在聖誕節的境晚，可先將房內燈光變暗，從背後予打光，顯出特別的氣氛。天使頭部的風爭線可用橡皮圈代替，做成吊飾；也可將手伸進圓錐形內當成玩偶，配合音樂活動頭部。

賀卡可大可小，也可以只做一個大型的卡片，在戲劇中當成道具來利用。大量製造時，可事先用蠟紙（或用影印的方式）印好，貼上圖案。

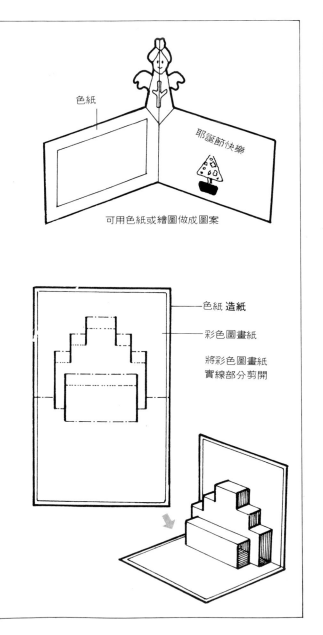

色紙

耶誕節快樂

可用色紙或繪圖做成圖案

色紙 造紙

彩色圖畫紙

將彩色圖畫紙實線部分剪開

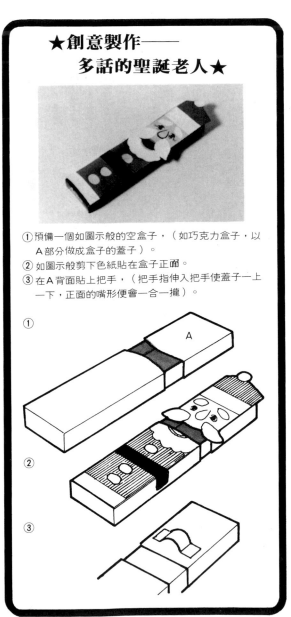

★創意製作—— 多話的聖誕老人★

① 預備一個如圖示般的空盒子，（如巧克力盒子，以A部分做成盒子的蓋子）。

② 如圖示般剪下色紙貼在盒子正面。

③ 在A背面貼上把手，（把手指伸入把手使蓋子一上一下，正面的嘴形便會一合一攏）。

①

A

②

③

手中玩偶造形

手套玩偶

①②③使用市面出售的手套（有色工作手套）製作而成的玩偶。④⑤⑥（其中⑤⑥是同一個玩偶的正面及反面）以毛毯料製作的玩偶。①②的每一個玩偶都利用了一雙手套（一只做成頭，另一只做為身體）。③只用一只手套，可活動頭髮做出幽默表情，鼻子裝有球形保麗龍，耳朵及嘴唇另外再加其他材料做成。④在嘴的四周塞上少量棉花，使其顯得膨脹，伸進手掌略帶彎曲便有表情產生。⑤⑥（正面及反面）做成不同人物，可翻過來表演兩人對話。

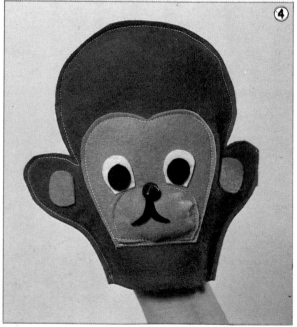

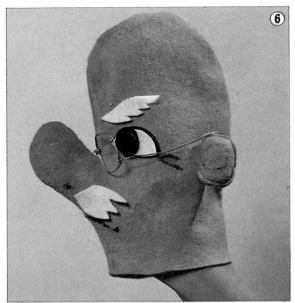

襪子玩偶

①利用白色襪子製成天鵝母子，將襪子的腳尖部份縮減，附上鵝嘴，把伸進襪子內的指頭略彎做成頭形。大天鵝的身體與頭部分開製作。②③是用一隻襪子做成，②是在嘴的部位縫上毛線料，用保麗龍球做成鼻子，耳朵及眉毛內塞有棉花。③鼻頭塞棉花做成形狀，貼上毛線料。

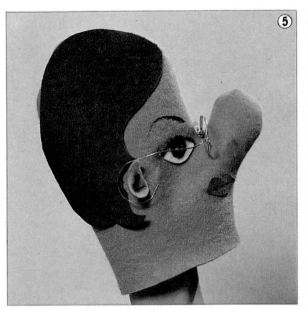

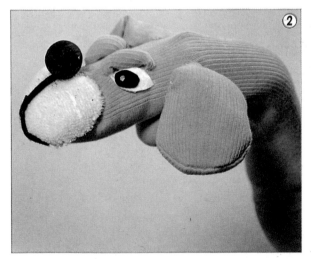

手中玩偶造形

手套玩偶

①②動物造形

材料及工具

剪刀、針線、 接著劑、手套
（有色棉製工作手套）、毛氈料、棉花。

● **製作要領**

　　各使用一雙手套，將其中一
只做身體，另一只做頭部，用毛
氈料強調表情，部份塞入棉花使
其生動。

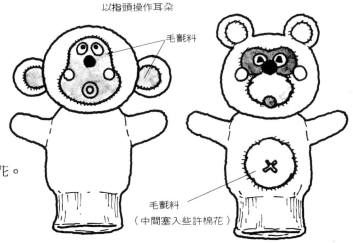

以指頭操作耳朵

毛氈料

毛氈料
（中間塞入些許棉花）

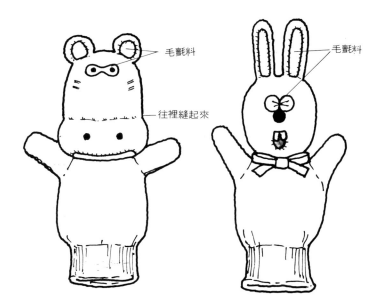

毛氈料

毛氈料

往裡縫起來

③人物

材料及工具

手套、球形保麗龍、尿烷、顏料
毛氈料、剪刀 、針線、水彩、黏著劑

● **製作要領**

剪去大姆指指頭，以球形保麗,
龍做鼻，以接著劑黏上耳朵及
嘴唇。

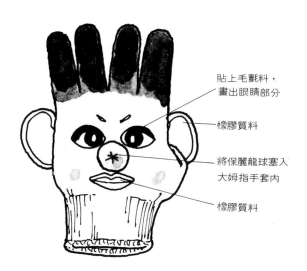

貼上毛氈料，
畫出眼睛部分

橡膠質料

將保麗龍球塞入
大姆指手套內

橡膠質料

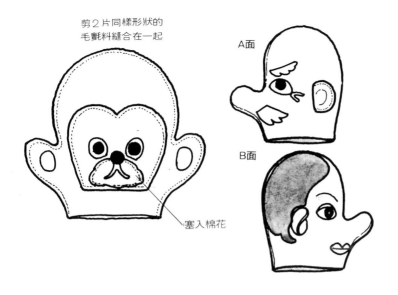

剪2片同樣形狀的
毛氈料縫合在一起

A面

B面

塞入棉花

④母猴子。⑤人物
●材料及工具

剪刀、針線、接著劑、廣告
顏料、毛氈料、棉花、鈕扣

● 製作要領
依照使用者手形大小來製作
，部份塞入棉花。

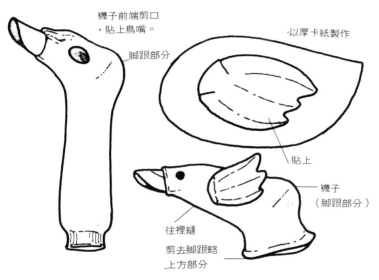

襪子前端剪口
，貼上鳥嘴。

腳跟部分

以厚卡紙製作

貼上

襪子
（腳跟部分）

往裡縫

剪去腳跟略
上方部分

襪子玩偶

①天鵝
●材料及工具

剪刀、釘書機 、針線、水彩用
顏料、襪子（ 白色長短各一
只），彩色畫 紙、厚卡紙。

● 製作要領
使襪子腳根部份剛好形成頭部
、嘴部捆紮起來，附上有色畫
紙做為嘴形。

②狗。③長頸鹿。
●應備材料

剪刀、針線、水彩顏料、襪 子、
毛毯料、毛線料、保麗龍球形、
帶子、棉花、厚紙 板。

●作法
各使用一雙襪子，一只做身 體，
另一只做成耳朵等部位，腳尖
做為鼻部。

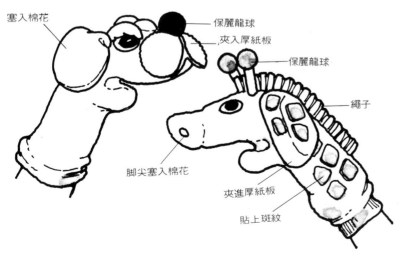

塞入棉花

保麗龍球

夾入厚紙板

保麗龍球

繩子

腳尖塞入棉花

夾進厚紙板

貼上斑紋

第四章
折紙剪紙的利用

1月 ——雪景

雪花紛紛飄落，一片晶亮的夢幻世界……。

結晶體不必完全黏牢，使其略為浮起……。背景稍加變化，便能造成不同的氣氛。

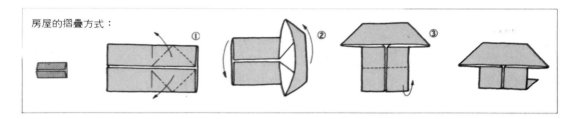

房屋的摺疊方式：

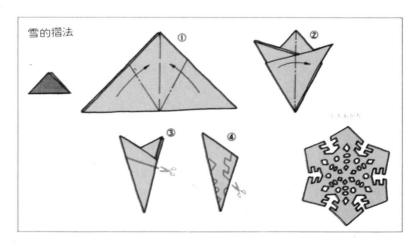

雪的摺法

讓背景加以各種變化，頗為有趣。

－走道的裝飾

兒童入園或畢業典禮時，在房間入口處加以
口處加以裝飾，如垂吊花卉或小鳥摺紙等
等裝飾品。

彩球先做成單個造形再如骰子般，黏成六角形。

① ② ③ ④

⑤ ⑥

—花開

使用圓形色紙做成花卉，莖和葉子
可用蠟筆畫或剪紙摺紙來做，貼花時邊
緣略浮起，可增加立體效果。

鬱金香的作法

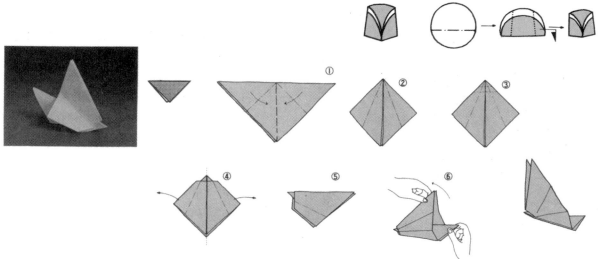

4月 — 百花盛開

室內百花盛開充滿春意，令人心情愉快愉快。大家摺花來裝飾，可使春天提早降臨。

①利用較大包裝紙或報紙將花朵包住。

②花形摺花如圖示。

③可在花朵上畫眼睛、鼻子等五官來增加表情。莖及葉子可用蠟筆畫。

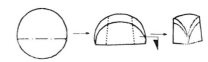

——迎風飄

使用 4 ～ 5 種色紙做成風旛，輻車
圓形色紙或摺風車，以蠟筆畫做背景。

鯉魚摺法如圖示

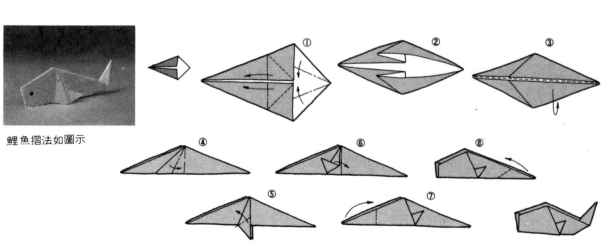

6月
——雨景

用同色系的色紙製作八仙花，以塑膠繩或白線代表雨絲。

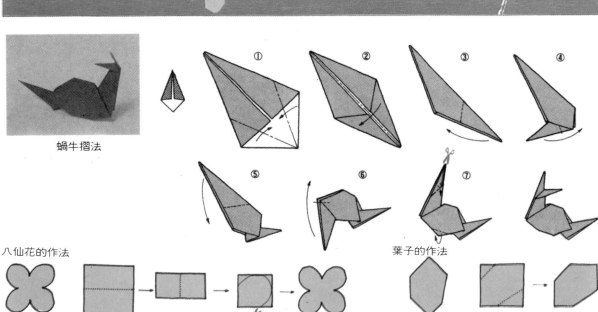

蝸牛摺法

① ② ③ ④ ⑤ ⑥ ⑦

八仙花的作法

葉子的作法

88

─畫出美妙日記

觀察室外的牽牛花,用蠟筆畫出籐蔓和莖部。

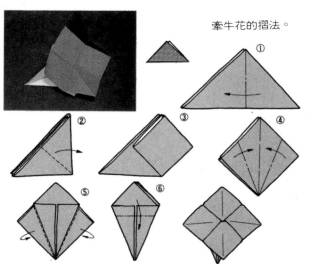

牽牛花的摺法。

①

②

③

④

⑤

⑥

葉子的摺法。

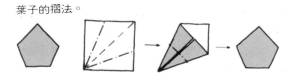

蓓蕾的作法。

──落葉飄零

雪白巨大的天鵝媽媽與小天鵝顏色
稍有不同。池水是利用糖果盒中的球形
塑膠布貼在藍色畫紙上,也可用顏料來
畫。

天鵝的摺法

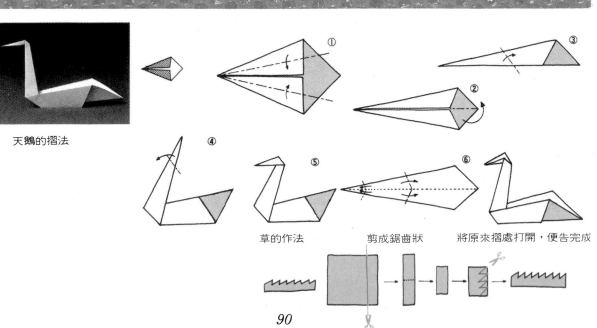

草的作法　　　剪成鋸齒狀　　　將原來摺處打開,便告完成

第五章
表演用的教具

化粧的訣竅

耶誕老人

團體表演中，須有老師在活動中扮演一角。
耶誕夜，兒童們渴望收到聖誕老人的禮物，
老師不妨扮演耶誕老人 給孩子們一個驚喜。

全身用花朵點綴起來，
使耶誕舞會氣氛更熱鬧。

彩色圖畫紙

口罩內塞入棉花

以大張的餐桌縐
紋紙巾做成袋子

以毛線做
成絨球

黏上棉花

彩色圖畫紙

在彩色圖畫
紙上黏棉花

白色手套

運動褲

餐桌縐紋紙巾

長筒靴

表演用的服裝

有精靈，螞蟻、各類可愛的昆蟲等相繼登場。應盡量設計符合兒童想像中童話及寓言裡，最受歡迎的故事及服裝。

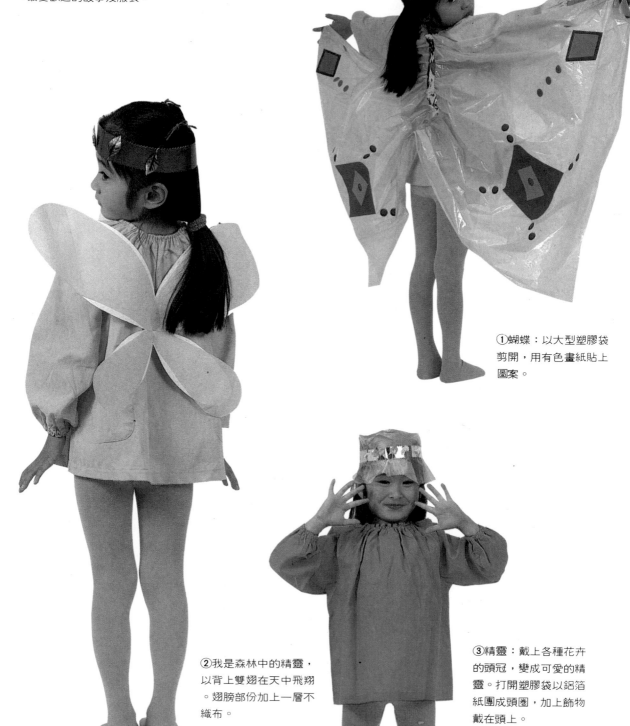

①蝴蝶：以大型塑膠袋剪開，用有色畫紙貼上圖案。

②我是森林中的精靈，以背上雙翅在天中飛翔。翅膀部份加上一層不織布。

③精靈：戴上各種花卉的頭冠，變成可愛的精靈。打開塑膠袋以鋁箔紙團成頭圈，加上飾物戴在頭上。

④小瓢蟲：瓦楞紙剪出
形狀，以有色圖畫紙或
原色紙做裝飾，固定在
背上。

⑥螞蟻：彩色畫紙做成
頭圈，將絨布條(或「毛
根」)及保麗龍球塗成黑
色。瓦楞紙貼上黑色畫
紙上加白色細線做為腰
板。

⑤蟋蟀：以保麗龍球及
絨布條做成頭冠，戴在
頭上。背上以有色圖畫
紙做成翅膀。

手製飾物

運動會的配件

若想使舞蹈及拉拉隊顯得更熱鬧，配件應多下功夫。拉拉隊員，也要多運用巧思加以粧扮。

可用塑膠繩及鈴鐺做成富有色彩的絨球，佩戴在手上使兒童搖身一變，成爲派頭十足的拉拉隊長。

套在手腕上的飾花鈴鐺手環。

使用縐紋紙增加色彩。

以化粧紙及絨布條加上鈴鐺，製成手環。

將塑膠繩撕成細條。

在手套上加星形板，代表星星隊的隊員。

布條上用金屬飾片，把美觀的斗篷疊成三角形，披在身上。

在指揮棒上加緞帶，前端再加上鈴鐺。

在空罐中放進小石子及沙

⑤以金銀兩色絨布條繫成圓圈做為頭冠，並加上五顏六色的彩帶。

⑥扇子周圍綁上鈴鐺，可以增加熱鬧的聲音。

⑦襪上也可加鈴鐺。

⑧在空罐中，放入破璃彈球。

生日舞會
小人物及裝飾品

每月為兒童們舉辦一次「慶生會」,這天便成為他們最期待的日子。當天的小壽星們應戴上美麗的飾物,氣派的頭冠及別上年齡別針,頭上掛著花圈……徽章別在綬帶上也頗神氣。

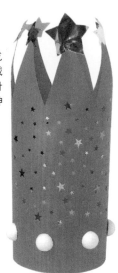

年齡徽章:以色紙做成圓圈,絨布條製成年齡數字。

以金銀各色的星星點綴成頭冠

在毛氈料上加以圖案,做為飾章。

綬帶上別上冠狀的徽章。

鋁箔紙加上珠子及鈕釦,做成項鍊。

鋁箔盤繫在綬帶上。

以兩種有色畫紙,繞許多圓圈,中間捆束成蝴蝶領帶。

鋁箔紙繞成圓圈,用玻璃紙包裝起來。

以不同顏色的鈕釦用綬帶串連成漂亮的項鍊。

將毛線做成絨球,用繩子串成花圈。

用色紙做圓圈,加上星形飾物。

戴上面具，兒童們搖身一變，成了小狗、馬
、鷄……等動物。

以瓦楞紙、有色畫紙、色紙、空容器等作爲
材料。剪貼貼貼、彎曲折疊的面具，使兒童
爲之傻眼。

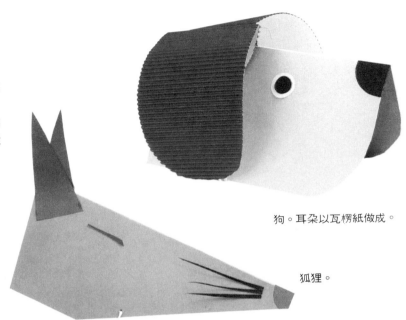

狗。耳朵以瓦楞紙做成。

狐狸。

③飛鳥。用瓦楞紙做成雙翅，
以紙袋條捆成束做尾巴。

98

兔子。

熊。

馬。鬃毛用毛線做成；予
神氣活現的印象。

99

松鼠。臉部用空容瓶蓋做成,以保麗龍球做眼鼻。

熊。用紙盤做成臉部。

貓。以空容器噴上顏色。

狼。使用空容器及紙杯。

羊。在白色運動帽上以毛氈料做耳朵、角及眼睛。鼻部用瓦楞紙和保麗龍球做成,毛線做鬍子。

老鼠。

兔子 用空容器做。

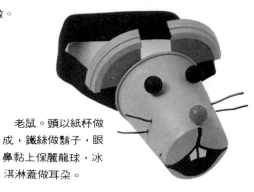

老鼠。頭以紙杯做
成，鐵絲做鬍子，眼
鼻黏上保麗龍球，冰
淇淋蓋做耳朵。

狐狸。用色紙捲成
錐形做臉。鬍子、眼
睛及鼻子的作法與老
鼠相同。

雄獅。臉以空盒加
上鈕釦做眼睛，用牛
皮紙做鬃毛。

豬

狼

魚。在有色圖畫紙上用毛氈筆畫出豐富色彩。

蜻蜓。用塑膠紙做雙翅,以保麗龍球做眼睛畫上有趣的圖案。

天狗。在小臉盆上用紅毛線做眼,將眉毛變粗。

獨角人。用保麗龍球做成大眼,長角是其特徵。

第六章
展示及舞台設計

作品展示

展示台的作法

在兒童們幼小的心靈裡都希望將能自已認真製作的成品展示在大家的眼前,因此不妨採用立體展示台,儲存架及掛鉤型等,將所有作品展示給大家參觀。不過,桌椅等傢俱在堆放時應注意穩定,以免損毀作品

厚紙板空箱可做成立體展示台,側面貼上模造紙區分顏色;圖畫作品貼在上面,空紙箱內存放兒童們的黏土等立體作品。陳設前舖上顏色對比的模造紙,可強調並襯托作品。將空紙箱在圖及立體作品之間穿插排列,使作品上下互相輝映。

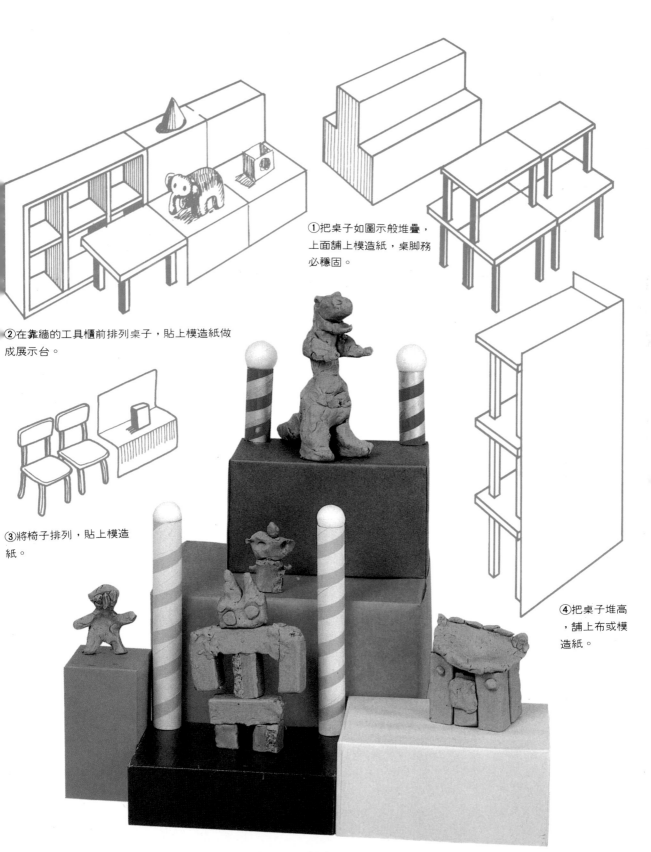

①把桌子如圖示般堆疊，
上面舖上模造紙，桌脚務
必穩固。

②在靠牆的工具櫃前排列桌子，貼上模造紙做
成展示台。

③將椅子排列，貼上模造
紙。

④把桌子堆高
，舖上布或模
造紙。

戲劇發表會
大道具的製作

大道具在舞台劇中頗為重要，由建築物、岩石、樹木等作成的布景，使觀眾溶入故事的情節之中。利用身旁的素材作為大道具，佈置成美妙的舞台，讓兒童們置身於快樂的角色中。

室內布景：房中間擺著桌子，利用餐桌縐紋紙巾並滾加邊蕾絲做成，牆上掛著彩色珍珠板做的鐘及風景畫

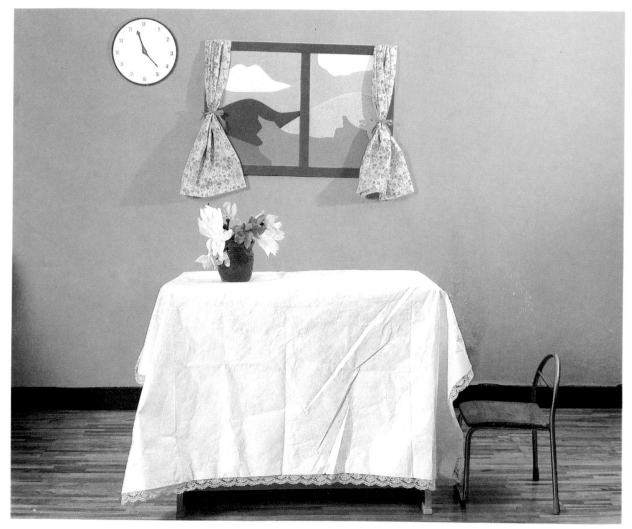

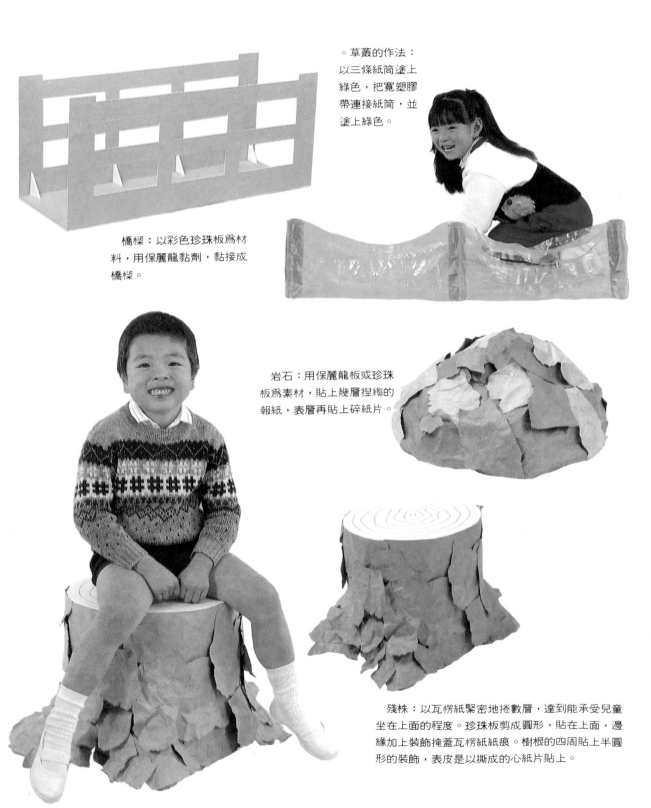

。草叢的作法：
以三條紙筒塗上
綠色，把寬塑膠
帶連接紙筒，並
塗上綠色。

橋樑：以彩色珍珠板爲材
料，用保麗龍黏劑，黏接成
橋樑。

岩石：用保麗龍板或珍珠
板爲素材，貼上幾層捏縐的
報紙，表層再貼上碎紙片。

殘株：以瓦楞紙緊密地捲數層，達到能承受兒童
坐在上面的程度。珍珠板剪成圓形，貼在上面，邊
緣加上裝飾掩蓋瓦楞紙紙痕。樹根的四周貼上半圓
形的裝飾，表皮是以撕成的心紙片貼上。

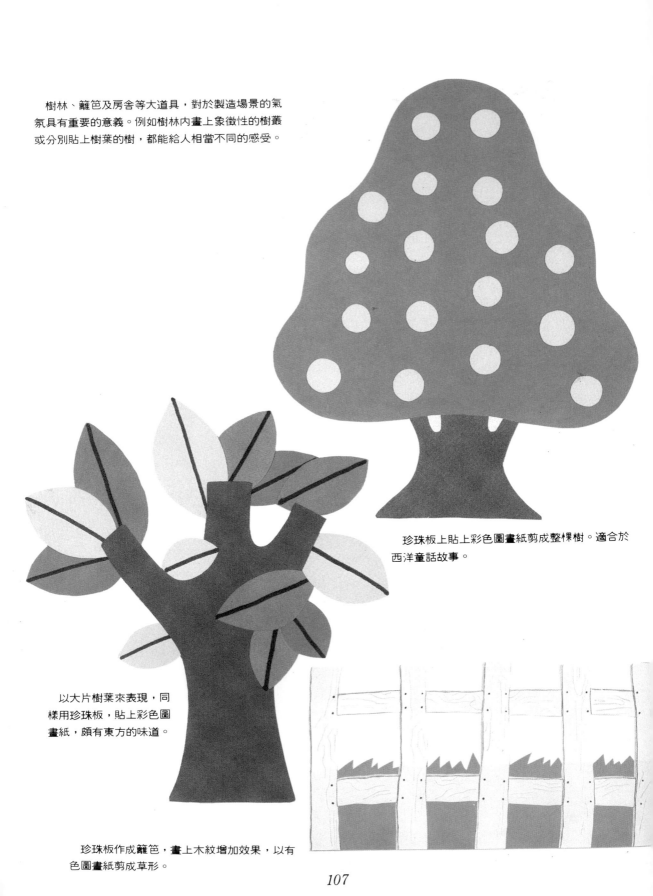

樹林、籬笆及房舍等大道具，對於製造場景的氣氛具有重要的意義。例如樹林內畫上象徵性的樹叢或分別貼上樹葉的樹，都能給人相當不同的感受。

珍珠板上貼上彩色圖畫紙剪成整棵樹。適合於西洋童話故事。

以大片樹葉來表現，同樣用珍珠板，貼上彩色圖畫紙，頗有東方的味道。

珍珠板作成籬笆，畫上木紋增加效果，以有色圖畫紙剪成草形。

　用珍珠板來製作房舍，貼上彩色圖畫紙，留下可
供兒童進出的門，用膠帶固定。

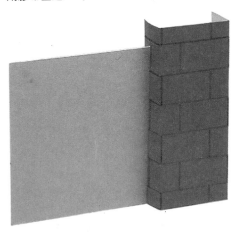

圍牆：以珍珠板貼上色彩，門柱則用厚紙板貼上
彩色圖畫紙，用油性麥克筆畫上磚塊的圖案，門柱
側面剪出溝縫，將牆插入其中，背面加上支柱以免
翻倒。

橋樑、樹木及殘株，擺設位置的實例。

大型道具擺設的位置，
應考慮到劇情內容及先後登場
登場人物的動作。

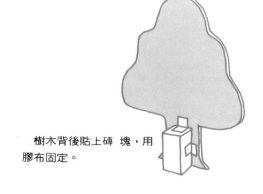

樹木背後貼上磚 塊，用
膠布固定。

房舍、籬笆及樹木的木的
設定位置。

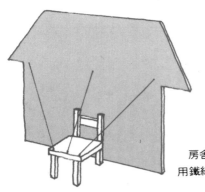

房舍背後應緊靠桌椅並
用鐵絲繫牢。

第七章
大型的教具

挖地瓜

以大幅畫面表現出
挖地瓜的快樂經驗

在廣大的菜園中，控掘大小粗細的地瓜，弄得全身泥巴，這種愉快的經驗利用素材的質感，在畫面上表現出歡樂明朗的氣氛。

●材料：
麻繩、彩色圖畫紙。

●作法：
①以黑色畫紙做底，如右圖用麻繩圍出畫面。（使用藍寶樹脂黏牢）。
②用蠟筆在畫紙上畫出小鳥、昆蟲及各種動物造形。
③將彩色圖畫紙剪成樹葉的形狀，用漿糊黏在麻繩繞成的樹形上。
④將紙剪成地瓜條狀，並稍捏縐，貼在黑紙上。

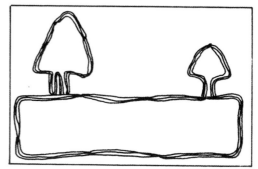

●材料：
瓦楞紙、圖畫紙、蠟筆、其他。

●作法：
①讓每位兒童畫出自己的自畫像，再把它剪下。
②將①之圖畫及紙捏縐的地瓜，貼在適當的位置。
③以毛線代表地瓜的莖蔓，接連手和地瓜。

※觀察地瓜與蔓莖間的關係，並注意樹葉、天空及季節間的變化。

理想的樹木

把兒童的夢想製作成作品

兒童的想像力是無限的，製作前可和他們共同討論樹種類，決定作品目標。討論時，可借著各種話題，如兒社區、聚寶樹等，來啓發小孩子的想像力。

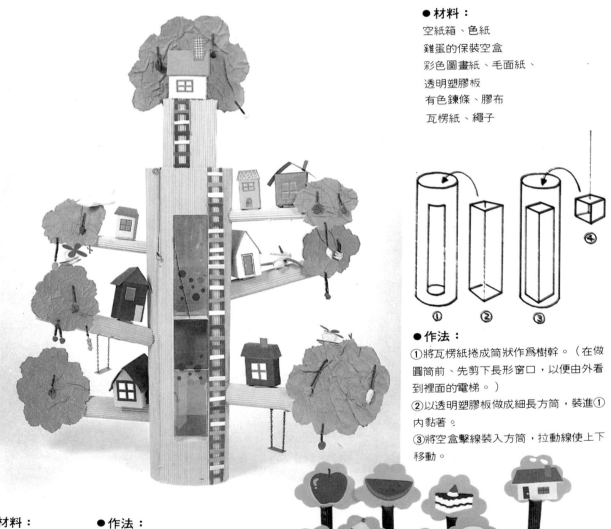

● 材料：
空紙箱、色紙
雞蛋的保裝空盒
彩色圖畫紙、毛面紙、
透明塑膠板
有色鍊條、膠布
瓦楞紙、繩子

● 作法：
①將瓦楞紙捲成筒狀作爲樹幹。（在做圓筒前、先剪下長形窗口，以便由外看到裡面的電梯。）
②以透明塑膠板做成細長方筒，裝進①內黏著。
③將空盒擊線裝入方筒，拉動線使上下移動。

● 材料：
衛生紙捲芯、
瓦楞紙、毛面紙、
彩色圖畫紙、
厚卡紙、其他。

● 作法：
①將不用的廣告海報及毛線剪成碎條，舖在毛面紙上。
②把衛生紙捲芯捲上瓦楞紙，並在開口處剪出溝縫。
③在有色圖畫紙上剪出樹形，貼上各種圖畫。
④在③背後貼上厚紙板，插在②上。

113

● 材料：
有色圖畫紙、色紙。

● 作法：

將有色圖畫紙如圖示般摺
略鼓起，做為樹幹。

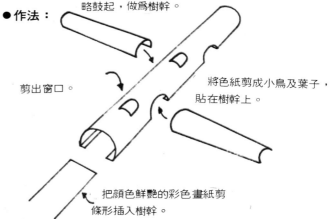

剪出窗口。

將色紙剪成小鳥及葉子，
貼在樹幹上。

把顏色鮮艷的彩色畫紙剪
條形插入樹幹。

● 材料：
圖畫紙、
色筆、蠟筆
毛面紙。

● 作法：
①準備大張毛面紙。
②以身邊物品為素材，在畫紙刮出凹凸的表面，拓
　出物件的形象。
③將刮出後的形體剪下，貼在毛面紙上。貼成樹林
　，注意毛面紙的顏色及形狀。

114

動物王國

可愛的動物及
快樂的動物王國

分成幾組，大家分別負責製作背景及動物等。每組交換意見，發揮想像力，共同創造出快樂的動物王國。

各組分工合作，集合各種形式的作品。

●材料：

空紙箱、
紙盤、
牛奶紙盒、
絨布條、
彩色圖畫

●作法：

①瓦楞紙箱塗上顏料。

②在①上加臉、耳朵及腿部。長頸鹿、獅子及兔子的腳和兔子的耳朵都用牛奶紙盒來做，長頸鹿的耳朵用紙杯做成；獅子的臉貼上彩色圖畫紙，黏上衛生紙捲芯做眉毛。兔子身上剪出溝縫，將剪成兩半

的牛奶紙盒插入縫內。用紙盤做成象的耳朵，空糖果盒做鼻子。以彩色圖畫紙捲成細筒狀，用縐紋紙當樹葉，做成樹。

③以包裝的防震細紙條舖在下面，將動物安排適當位置擺列。

● 材料：
毛面紙、
彩色圖畫紙、
信封、緞帶。

● 作法：

動物
①將信封剪成兩半，塞入
棉花。

②用膠帶固定。

③以彩色圖畫做耳朵、眼
睛和嘴部。色紙做動物的
身體，貼在底紙上（毛面
紙）加上緞帶。
樹林、花及草

兩端折疊，成為半立體。

①葉子和草加上摺痕，成
為半立體。

③使花瓣的某些部份從底
紙上浮起，則具有立體效
果。

116

奇妙的世界
我們的鄉鎮

這就是我們的家園呀！

每位兒童製作出自己的家，集合成熱鬧的市鎮。有山塘、河流及郵局、醫院、橋樑等公共建築物。大家互相討論並分工合作。

● **材料：**
布、彩色圖畫紙、毛面紙（底紙）。

● **作法：**
圖畫中間是動物園，兒童們將布做成自己的家貼在動物園四周，屋前貼上名牌。

● 材料：

棉紙、彩色玻璃紙、圓形
瓶蓋封皮、墨水。

● 作法：

①在棉紙上畫出花朵形狀。
②用紙撕出花形。
③將撕成的花摺疊成四分
之一，捏成一團，浸染墨
水，或噴上墨水加上顏色。
④乾燥後中間貼上圓形封
皮。
⑤把花朵貼在窗上。
⑥以彩色玻璃紙做葉子，
用未上色的棉紙做成白色
小花，一起貼上。

● 材料：

夾板、毛面紙、
彩色圖畫紙、
火柴棒、細塑膠管、
填料、顏料用具。

● 作法：

①毛面紙貼在夾板上做為背景。
②以渲染的畫法，在畫紙上畫出花朵，將著色過的火柴棒
貼在花上或在細塑膠管中塞入填充材料，並黏在花上。
③把花朵剪下，貼在①上。

幻想中的世界
大怪獸

造形奇特的怪獸朋友

兒童最喜歡形狀特異的怪獸,可用紙杯畫上圖樣,做成彩色的怪獸。將報紙捲成圓滾滾的飛天怪獸等種類繁多。

● **材料:**
瓦楞紙、保麗龍球、膠帶、細棒。

● **作法:**
把瓦楞紙空箱堆疊在一起,兩側及背後貼上瓦楞紙做成的四肢及尾巴,將手用細棒插入瓦楞紙剪成的溝縫,洞口固定在背面,恐龍蛋用保麗龍球做成的。

● **材料:**
毛面紙(底紙)、紙杯、透明塑膠杯顏料。

● **作法:**
①以縱向將紙杯剪成兩半,加上自己喜歡的圖案。
②用鉛筆在毛面紙上畫出怪獸的草圖。
③紙杯切口黏上接著劑,貼在怪獸上,並使角度富變化。

海底世界

一片湛藍的海底世界

兒童們必定有從電視或水族館裡看過海底世界的經驗。以此為題，讓大家來談論海中的各種生物，並共同製作出海底世界。

●材料：
網子、鈕釦、玻璃紙袋、襪子、色紙、保麗龍球、傘套。

●作法：
①在塑膠袋、傘套或襪子裡裝入填料，做成魚或海草的形狀。魚眼用保麗龍球來做，魚身上的花紋則貼上色紙。
②將鈕釦及①中的魚和海草掛在網子上。

●材料：
瓦楞紙、空容器、玻璃紙、色紙、信封噴霧式顏料。

●作法：
①以瓦楞紙箱做潛水艇，以銀白色的噴漆噴勻。剪出窗口，並由裡面貼上有色玻璃紙。
②信封內塞入棉花做成魚。花紋用色紙來貼。
③將彩色玻璃紙剪成波浪。

幻想中的世界
百鳥齊鳴

住在大樹上的小鳥

鳥兒們在樹上彼此交談著，小鳥探出頭來和母鳥談話——把樹上的鳥類世界，製作出幻想的圖案。

●材料：

衛生紙捲芯、
毛面紙、
保麗龍球、
絨布條、
毛線、色紙。

●作法：

①用毛面紙做成樹木貼在底紙上。
②小鳥的身體是以衛生紙捲芯做成，尾端剪缺口。翅膀用色紙貼黏，以保麗龍球做頭部，把絨布條做成鳥腿。
③考慮位置及方向，將做好小鳥貼在樹上或周圍。

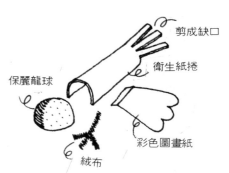

剪成缺口
衛生紙捲
保麗龍球
彩色圖畫紙
絨布

● 材料：
彩色珍珠板、
彩色圖畫紙、
襯墊填料、材
空容器、毛紙、
釣魚線、其他。

● 作法：
以襯墊填料放入衛生紙做成雲彩，將空盒、空罐、
養樂多瓶、紙杯、鷄蛋空盒及保麗龍球等作爲素材
把縐紋紙、鋁箔紙、彩色圖畫紙、彩色玻璃紙及棉
花等包在素材上，做成心鳥，用釣魚線將鳥懸吊或
固定在樹上。用彩色圖畫紙及棉花做成翅膀。貼在
樹上的鳥，也可用保麗龍球做頭，再貼彩色圖畫紙
做成身體。

昆蟲的世界

蟲兒蟲兒大遊行

蟲兒們飛的飛、爬的爬、顯得格外熱鬧。製作時爲表達愉快的氣氛，應盡量使用鮮麗的色彩。

●材料：
糖果空盒、空碗盒、
巧克力包裝紙、
花生殼、牙籤
絨布條、圓形封皮、
毛面紙、色紙、
彩色圖畫紙。

●作法：
①以色紙及彩色圖畫紙做成樹幹、花及雲彩，貼在底紙上。
②把完成的昆蟲貼在畫紙上。以塑膠的叉子做成獨角仙的角，空碗做小瓢蟲等。紅蜻蜓用牙籤貼上色紙，黑蜻蜓的身體用冰棒棍貼上紗窗網的翅膀。蝴蝶和蝸牛以冰淇淋湯駅做身體，並以巧克力包裝紙（銀色）包花生殼。結草蟲是用塑膠空盒貼上色紙做成身驅。

▲各種小瓢蟲。

※大型作品需注意
骨架的結構。不必
拘泥於細節。

▶庭院當成池塘，大的螃蟹是老師，小的螃蟹是班上的孩子們。

各種交通工具

現在及未來的交通工具

這個題材兒童都會很感興趣，將兒童所知的許多交通工具貼在畫面上，憑兒童的想像創造出未來的交通工具。

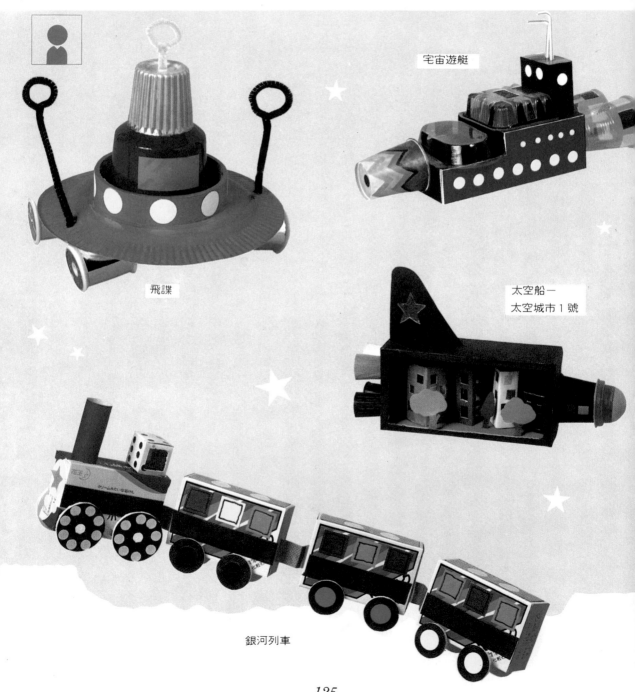

宅宙遊艇

飛諜

太空船－
太空城市1號

銀河列車

● 材料：

彩色畫紙　厚紙板
色紙、布、瓶蓋封皮。

● 作法：

①以有色圖畫紙，畫出山和海。
②以布及封皮當成版，印出山和海洋的花紋。
③將腳踏車、汽車及遊艇等貼在畫布上。

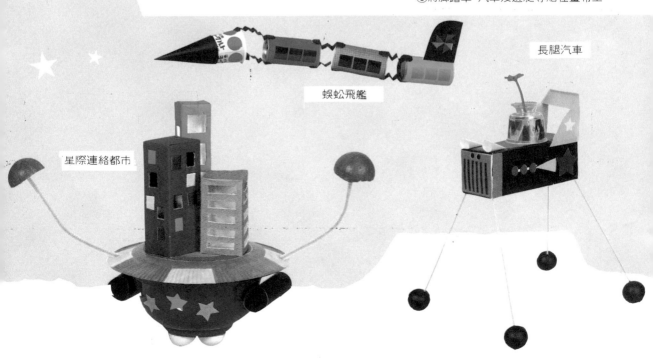

蜈蚣飛艦

長腿汽車

星際連絡都市

北風和太陽

以簡單的鑲嵌圖案
表達不同的美感

配合背景仔細黏貼顏色。色面上有幾幅襯托整個畫面的顏色，強調整體效果。

● 材料：
珍珠板（做為底紙）、毛面紙（深藍色）、色紙。

● 作法：
①在珍珠板貼上大小相同的的毛面紙。
②依圖案貼上10公分正方形的色紙形的色紙。

※黏貼色紙時要保持適當的間隔，發輝毛面紙的效果。要強調畫面主題，顏色相同的部份，可以加入同色系的其他顏色，來增加畫面深度。

127

● 材料：
珍珠板、彩色圖畫紙、
不要的雜誌彩色頁、
奇異帶 繩子（紅、藍）、
塑膠管（軟性）、其他。

● 作法：
畫面上安裝透明塑膠管，
穿入紅藍兩色繩 紅藍兩色
繩子，一端垂掛在畫面背
後。拉紅色繩子時畫面變
爲藍色；拉藍色繩子時畫
面則出現紅色。

※向右翻開會出現穿斗篷的
的旅客，朝北風方向；向
左翻開脫下斗篷，旅客朝
太陽方面。

色彩豐富的作品，展示在教室一隅

先決定題材再描繪草圖，各組製作一片屏風，應用素材特性以剪貼來表現富有變化的圖案。

● **材料**
珍珠板，色紙（金銀）、膠帶、彩色圖畫紙。

● **作法：**
①先在珍珠板上貼滿金銀兩色色紙。
②有色圖畫紙剪出圖案，貼上。
③用膠帶將每片屏風接起來。

● **材料：**
珍珠板、瓦楞紙、布、彩色圖畫紙、棉紙、保麗龍球、紙杯、其他。

● **作法：**
在珍珠板四面噴上顏料。用瓦楞紙剪成相同造型的圖案，貼在四張屏風上。依照春、夏、秋、冬四季的不同景象做出樹林。完成後將每扇屏風用紋鍊連接。

● 材料：
有洞紙板、
帶狀布、
彩色繩子。

● 作法：
①在板的邊緣用布條編上花編
。
②以有色的繩子，編成昆蟲的圖
圖案。
③用緞帶將每扇板子連接起來
。

※為使畫面調和，各組在製
作之前應先取得協調。

畢業製作
動物壁畫

以鑲嵌式樣製作
彩色動物大遊行

把石膏板弄成碎片後加以染色。用繩子做出動物的外形輪廓，貼上彩色的鑲嵌圖樣。背景可用較大板子，將裁成條狀的紙張捏成團狀，貼成有趣的圖案。

● 材料：

板子、石膏（粉末）、顏料、瓦楞紙、保麗龍板、彩色圖畫紙、繩子。

● 作法：

①先在板子上貼彩色圖畫紙等做為背景。
②先畫出動物草圖、依線條貼上繩子。
③將石膏板弄成碎片，著上顏料，貼在②上。

邊用保麗龍板圍成

底用瓦楞紙

把石膏溶液倒入

將石膏板敲開

※製作石膏板的要領：容器內先放水，再倒入等量的石膏粉，攪拌均勻、乾後便成石膏板。

131

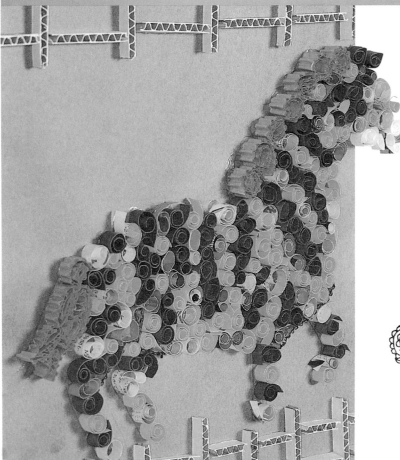

● **材料：**
板子、彩色圖畫紙、瓦楞紙（雙面）、單面瓦楞紙、不用的彩色圖畫（印刷物）、彩色顏料、其他。

● **作法：**
①在板子貼出動物的輪廓。
②把雙面瓦楞紙、單面瓦楞紙及彩色圖片剪成 0 8－1公分的帶狀、斷面顏料著色。

③用單面瓦楞紙捲成如左圖般黏著、彩色圖片則用火柴棒捲後黏著。
④將③做成的材料，完成動物造型。

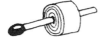

畢業製作
兒童的作品

能長久保留的紀念作品

各班決定題材，利用雙面瓦楞紙或石膏，製作畢業紀念作品，石膏作品完成後可噴亮光漆以便保存。

在紙黏土上刮出全班同學的自畫像，使用土黃色顏料著色，產生黏土浮雕的效果。

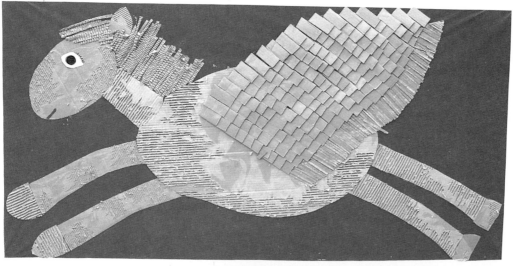

天馬行空：撕下部份瓦楞紙，加強斑駁的效果。

利用石膏製作梅樹上的小鳥母子。

貓頭鷹一家人：用單面瓦楞紙做成臉部，
利用波 浪狀的紙林造成生動的效果。

大龍蝦：充份表現童稚的作品。

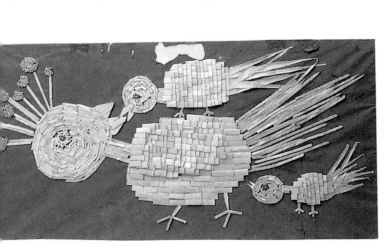

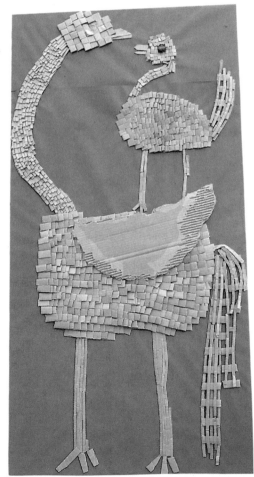

親子孔雀：母鳥冠上的羽毛，曾煞費一番巧思。

巨鳥母子：猜猜看我是哪種鳥類？

第八章
幼兒與集體創作

集體創作的意義與價值

現代的幼教中有所謂不拘泥領域。在綜合、集合及共同等活動中，應重視兒童間的溝通與社會群體生活，使活動具有價值。

在團體活動中，對兒童最重要的是：彼此肯對方的價值，並在同心協力之中培養獨立的精神，做為日常生活主體。

這便是在創體創作的造形活動，重新受到評估以及重視的理由。

在音樂表演的活動中，與其由一人表演歌唱或演奏，不如大家合作演出，使藝術活動更加樂趣。

繪畫的活動，本質上則不受任何人干擾的，獨自一人製作，便足以完成藝術的活動。

對幼兒來說，音樂及繪畫的創作，在本質上是有差異。以共同製作為課題，其本身的意義與價值例舉以下：

㈠大家可以一起在繪畫及製作物品之中，建立良好的人際關係，能使幼童成為團體一份子，穩定情緒，共同合作。

㈡讓兒童體會到單獨的個人所無法達成的造形上的效果及造形的完美等。

㈢在職務的分配中，使兒童體驗集體活動的重要性並享受分工合作的喜悅。

㈣單獨一人無法充份表達的創意或想不出適當的構想，若在團體活動的氣氛下，便容易激發出來。

以上各點乃是共同創作的優點。

集體創作與　　幼兒的成長

人一出生，即屬於社會的一份子，時刻與社會保持接觸，逐漸成長。

幼兒的年齡越低，其自我中心的傾向便愈強，說話時常使用「我」，繪畫時也始終以自己為中心從事於形象的傳遠。換句話說，兒童具有強烈的「唯我獨尊」的意識。

在幼稚園或托兒所等團體活動中，與家庭生活產生相輔相成的效果。在繪畫製作上，可以讓他們體驗集體創作的活動，但應以各人為，以避免干擾個人活動。

集體創作的真正意義

集體創作的造形活動中，具有一種共同的目的，依每個人的能力來分配職務，使每個人能充分發揮自己的能力，收到共同創作的成果。

因此，兒童們務必相互了解同伴擅長的能力。根據專家的研究，年齡約在 9 ～11歲之間（伙伴時期）的孩童，較易進行集體創

作的活動。如前面所言，幼兒期的孩童則個個「唯我獨尊」，若缺乏適當的教育環境、職務分配及指導活動，製作上將產生困難。

理想的集體創作

　　基本上幼兒集體創作的理想形式是：在不受阻礙的個人活動中，大家一起從事創作，享受創作的樂趣。

　　㈠精神解放型的集體創作：

　　新學期開始，新生們為了習慣幼稚園和托兒所的環境，難免會精神上產生壓力和緊張。除了3歲的幼兒外，4～5歲的兒童應參加團體活動，藉以消除緊張。其中典型的活動包括：「塗鴉遊戲」及「撕碎報紙」等。

　　「遊戲形態」與幼兒的集體創作有密切的關係。初入園內的新生通常無法立刻參與團體活動，只能在一旁觀察其他兒童的活動，加以模仿及學習。「滑板遊戲」及「手印腳印活動」便是造型活動的例子。

　　平行遊戲就表面而言似是團體活動，其實是模仿他人學習遊戲時期的單人遊戲之一。

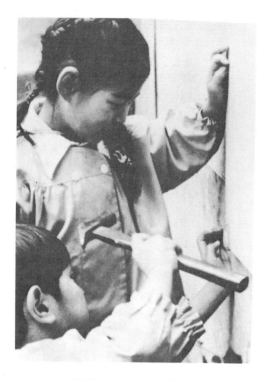

第三種是集體遊戲，幾人一組進行堆沙堡及隧道活動。此時自然會有領袖人物產生，造成強烈的壓力，阻礙每個兒童的活動。為突破壓力，兒童們會紛紛向強悍的領袖人物表示對抗，這是好現象。若沒有發生此種情況，而活動繼續進行，許多兒童將會承受很大的壓力而感情無法宣洩。如果老師的課題意識過於強烈，也會使兒童受到壓力，便違背了初衷，而有適得其反的結果。

㈡集體配合的創作活動：

雖具有共同目標的集體創作，但製作時是由每個人主動思考創作，最後才將作品集合成一件大的成品。

此種方式不會傷害到幼兒的自我中心，又可享受分工合作的樂趣，培養社會群體的觀念，是頗適合幼兒活動的一種方式。但是這種方式係將作品集合變成共同的作品，因此有人將其稱為「集合製作」來和集體創作加以區別。

㈢進一步發展的集體創作：

當兒童習慣於集合型的製作活動之後，彼此間便會交換意見，由自己初步的職務分配，透過彼此的討論，進行體創作的推動。

結果不必經常由幼師的領導及假設，兒童們自然會產生令人快慰的創作形式。

幼師不必急著尋求真正的主動性的集體創作，只要在兒童的技術發生困難或構想過於離譜時，適時地給予幫助並引導他們步入正確方向即可。

不良的集體創作

筆者曾經為了畫一幅巨大的壁畫，以8個小朋友為一組，讓各組選擇題材依自然發展的形式來製作。這項活動的原意是盡量想讓兒童以自己的方式去做；然而結果兒童中的一位「老大」，卻教唆其他人負責幫忙提送顏料，最後只由這位「老大」獨自揮毫。對我而言，這是一次令人失望的經驗，只有這位「老大」一人興高采烈地表現自我，其他兒童變成了犧牲品像這種製作最應避免。

在一年中實驗
集體創作的發展

由於3、4、5歲幼兒的表達程度各有不同，即使在一年的時間中也無法一概而論。擬定計畫時，應由淺入深，由單人遊戲至集體遊戲，逐步發展。

對3歲幼兒而言，第一學期大都會採取

單人活動的形態。到了第二學期，他們已習慣於材料的使用，同學間也較熟稔，但仍保持單人活動的形態。到了第三學期，他們領會到團體活動的樂趣，卽可採取集體創作的形式，共同製作出較簡單的作品。

就4歲的幼兒來說，他們逐漸擺脫精神壓力，而能進行更進一步的集體創作，從中發現新遊戲的方式及法則。這一點和3歲的幼兒有顯著的差別。這一階段的重要活動，仍在於集合作品的共同製作。

至於5歲的兒童，第一學期一方面研習集合型的集體創作，另一方面可逐漸擺脫幼師的指示，主動思考新的構想或陸續發展出新的活動。

到了第二學期，等到有明顯的社會性語言表達，便可培養他們來關心團體活動。到第三學期，由於年長意識強烈，能充份了解老師的意願及構想，便容易主動地參加集體創作，使活動的發展接近眞正意義。

圖式的活動過程

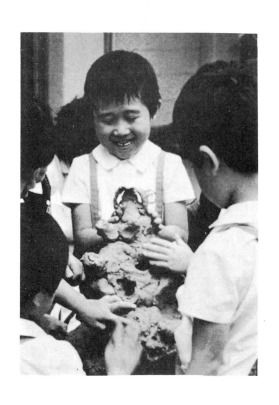

幼兒在集體進行造形活動時，由動機發展至展開遊戲形式，極富流動性的變心。有時老師原本的計畫還得在中途加以變更，朝向完全不同的方向發展。此可說是幼兒集體創作的特徵而富於樂趣的地方。

拼集式集體創作

● 小鳥王國──5 歲兒童活動實例：

①描繪小鳥：在圖畫紙上用蠟筆著色。

②以剪刀將所畫的圖畫剪下

③使用膠布將牛皮紙貼在牆上，再貼上樹木，把每個人所製作的鳥、鳥巢拼集地貼在上面。

拼集式的集體創作，除了依照幼師的構想貼在一幅畫上之外，也可以先確定目標，在幼稚園的活動中，將發生的事情做為共同的題材，讓兒童們參與活動。本章便是一個適當的例子。同時集合作品的目的，在於達成個人人無法完成的創作，或美感的一種活動。花的世界，除了能學習剪刀的使用技法，也能體會活動本身的樂趣。

● 花的世界——3、4歲兒童活動實例：

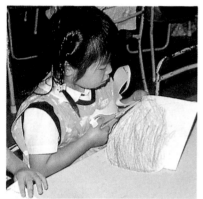

①先從圖鴉遊戲開始，以蠟筆在畫紙上隨意塗畫，剪成圓形，當做花

②將圓形切割一條細縫，把兩端重疊起來，會變成立體的牽牛花。

③讓兒童們墊起腳尖，將花貼在底紙之上。

④附加部份：利用貼的手法，將圖畫紙撕貼上或用蠟筆直接畫花莖。

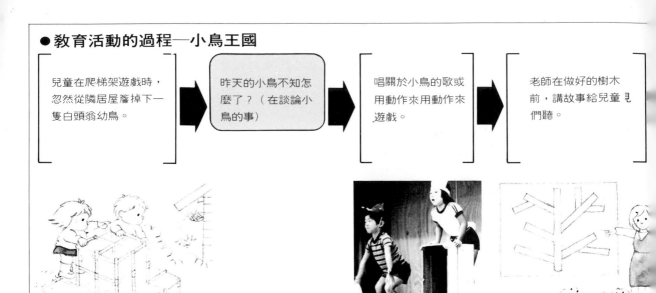

● 教育活動的過程—小鳥王國

| 兒童在爬梯架遊戲時，忽然從隣居屋簷掉下一隻白頭翁幼鳥。 | → | 昨天的小鳥不知怎麼了？（在談論小鳥的事） | → | 唱關於小鳥的歌或用動作來用動作來遊戲。 | → | 老師在做好的樹木前，講故事給兒童們聽。 |

● 小鳥王國

【材料和用具】毛面紙、圖畫紙、蠟筆、牛皮紙膠帶、漿糊、剪刀。

【插曲】當兒童們在爬梯架上遊戲時，隣居屋簷掉下白頭翁的巢，兒童們了大感驚訝：「為什麼會下來呢？」「因為翅膀還沒長齊吧？」。兒童們議論紛紛，於是可設計「愛鳥週」，讓大家談論小鳥

【奇異樹】 並以唱歌的方式來增加趣味。

【奇異樹】老師在毛面紙上用牛皮紙膠帶貼上許多的樹枝，並編一個「奇異的樹木」的故事說給兒童聽。「這棵樹看起來有點寂寞，因為沒有小鳥飛過來遊戲。大家來做小鳥及鳥巢，讓鳥兒們停在樹上，免得像白頭翁的小鳥發生可憐的遭遇。這是棵奇異的樹，不必用漿糊也可將鳥兒黏在樹上。由於急著想做好小鳥，讓牠們停在樹上，所以立即開始行動。

【剪法】將小鳥畫在圖畫紙，用剪刀剪下時，應指導兒童一面轉動畫紙並注意勿將鳥腿剪斷。

【其他構想】也可將牛皮紙膠布照普通方式直接黏在底紙，用漿糊把小鳥貼在上面。

● 樹的作法

用牛皮紙膠布黏成

● 小鳥的剪法

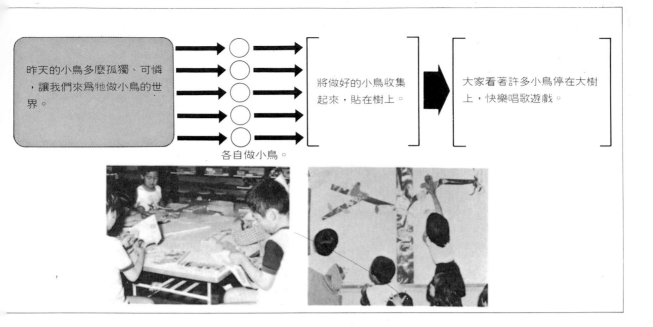

昨天的小鳥多麼孤獨、可憐，讓我們來為牠做小鳥的世界。 → ○ → 將做好的小鳥收集起來，貼在樹上。 → 大家看著許多小鳥停在大樹上，快樂唱歌遊戲。

各自做小鳥。

● 花的世界

【材料和用具】色模造紙、圖畫紙、蠟筆、剪刀、漿糊。

【塗鴉遊戲】讓兒童選擇自己喜歡的顏料，以蠟筆從事塗鴉遊戲。盡量指導兒童塗滿整個畫面。

【花的製作】做完塗鴉遊戲後。以色模造紙做底紙向紙向兒童提示：「我們把許多花貼在這上面，做成漂亮的花世界」，同時告訴孩子，把塗鴉遊戲畫紙畫用剪刀剪成圓形，也能做成花朵。

【立體化】將圖畫紙剪成圓形貼在底紙之上，也可在圓形的圖畫紙上剪一切口或四周都剪下小切口，可變為錐形的及富立體感的花朵。在實際的製作中，有位兒童將圓紙剪成螺旋狀，老師將其固定用釘書機釘牢。那位兒童高興的說：「變成一朵美麗的薔薇花了」。

【貼在底紙】將花的背面塗上漿糊，貼在牆上的底紙。應事先準備高度不一的凳子，以便孩童能貼在較高的位置用圖畫紙片或色紙做成葉子及莖貼在上面。

【蝴蝶遊戲】完成花的世界後，兒童們一面唱歌，一面表演蝴蝶前往花的世界採花蜜的動作。

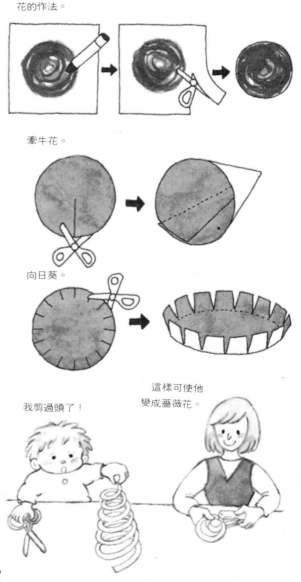

花的作法。

牽牛花。

向日葵。

這樣可使他變成薔薇花。

我剪過頭了！

集體繪畫 I

● **侏儒鞋匠**——4 歲兒童活動實例：

①將自已在戲劇中的角色畫成圖，並貼在底紙之上。

②製作具森林氣氛的單元、如樹木、鳥等。將其貼在底紙上。

③將其貼在房間壁上使室內有股森林的氣氛。

④鐵道（4 歲兒童活動實例）：以滾輪
劃出鐵道的痕跡，用紙撕成電車的圖
案，貼在畫上。

經過一學期來的各種經驗，提高了團體意識。大家不妨透過共同的目標，製作巨型圖畫。描繪本屬於個人活動，不易與他人相似。經由戲劇性的遊戲來傳達故事的經驗，不難將個人形像集合，發展在集體繪畫之上。本章所舉的「侏儒鞋匠」便是一個例子，此可使戲劇遊戲更具效果。

●運動遊戲—— 五歲兒童活動實例

①手印腳印遊戲：一面遊戲一面做基礎。

②將底紙全部著色，應小心滑倒。

③以撕碎的報紙及蠟筆做為材料，描繪出自己遊戲的畫面。

④小山貓（5歲兒童活動實例）：用手印腳印做背景用蠟筆描繪動物。

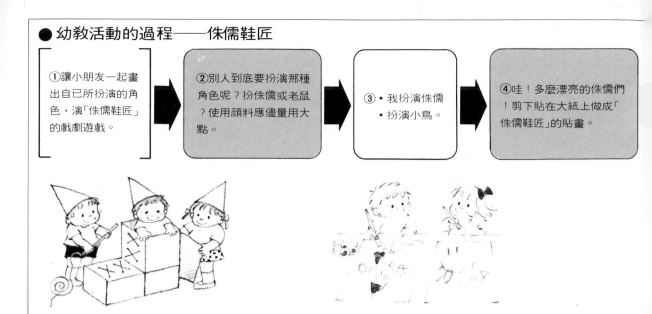

● 幼教活動的過程——侏儒鞋匠

①讓小朋友一起畫出自已所扮演的角色，演「侏儒鞋匠」的戲劇遊戲。

②別人到底要扮演那種角色呢？扮侏儒或老鼠？使用顏料應儘量用大點。

③・我扮演侏儒・扮演小鳥。

④哇！多麼漂亮的侏儒們！剪下貼在大紙上做成「侏儒鞋匠」的貼畫。

● 侏儒鞋匠

【戲劇性遊戲的集體製作】兒童在遊戲中能體認另一位玩伴的存在，而與大家投入於共同的目標。其優點在於：兒童在意識中已產生共同形像，可讓孩童從整體立場掌握自已與友伴的關係。同時進行戲劇性的遊戲及集體繪畫，可使兒童有新的共識。

【貼出共同繪畫】事例中，將自已所畫的排放在台紙上，經過協調決定彼此位置，將集體繪畫的作品張貼在底紙。

【底紙】了解展示空間及圖畫的數目，準備適當白色模造紙，如將極大張的底紙貼在牆上，不妨使用牛皮紙膠帶把紙張背後四邊加強黏牢。

【背景處理】在事例中，誘導小朋友去意識到：「森林中沒有樹和草，不像森林」。鼓勵大家一起把樹木、花草補上，在集體繪畫中充份協調，共同處理背景。部份背景也可利用手印腳印的製作方式，並加強色彩。

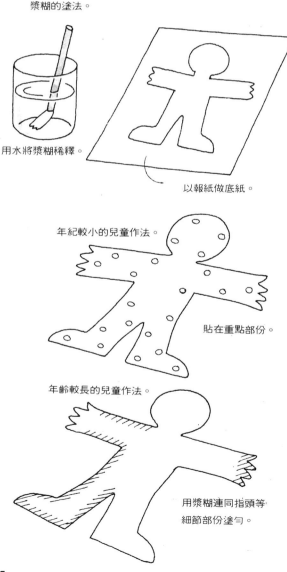

漿糊的塗法。

用水將漿糊稀釋。

以報紙做底紙。

年紀較小的兒童作法。

貼在重點部份。

年齡較長的兒童作法。

用漿糊連同指頭等細節部份塗勻。

| ⑤把故事情節貼黏在大紙上。 | → | ⑥大家共同來做樹林、花草、增加森林氣氛。 | → | ⑦完成後貼在牆上、共同討論 |

● 運動遊戲

【材料及用具】模造紙、報紙、蠟筆等、漿糊。

【固定遊戲器具】以雲形梯做為活動身體的道具，透過穿圓圈、比賽及旋掛時間的長短進而熟悉道具。

【集體繪畫】將遊戲中快樂的經驗作成畫，討論並決定方法後，以手撕報紙做成雲梯，黏在底紙上。

【手印腳印底紙】根據在藍空下所做的遊戲經驗，在模造紙上用藍色顏料做手印腳印的遊戲做為背景，再撕下報紙黏牢，待第二天底紙變乾。

【道具造形】應如何把報紙貼合起來做成圓形呢？依照兒童想像去做，一面做一面討論如何玩雲梯？或引導他們再玩一次雲梯遊戲，以確定概略形狀。

【描繪人物】以報紙做成雲梯的形狀後，選擇單色簽字筆或蠟筆，畫出自己在遊戲中的形像。此時應考慮年齡大小不同的幼兒遊戲的方式，使畫面更豐富。

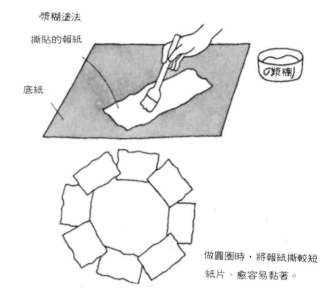

漿糊塗法
撕貼的報紙
底紙
漿糊

做圓圈時，將報紙撕較短紙片、愈容易黏著。

紙與空箱的造形

●**製作街道**──5歲兒童製作實例：

①道路製作：將包裝紙撕成細片。

②貼在底紙上：與友伴的道路連接。

③做自已的房屋：使用紙及空箱。

④公寓：將空箱堆積起來。

根據過去使用的材料，紙類的造形活動曾予人一個啓示：如能用折疊使紙張直立或運用塗漿糊的技巧，便能產生具有立體形象的外品。此外也可以讓兒童熟悉空箱等平面以外的紙材。街道製作可引發兒童對身邊街道發生興趣，並產生社會意識，是相當合適的題材。

⑤公共措施的製作：製作公園、火車站及隧道等公共建築物。做好後拿來遊戲，一面製作一面遊戲。

⑥大家的街市：整個房間便是大家的街市。到處都是具有個性及有趣的房子。

148

● 幼教活動的過程——街道製作

┌─────────────┐
│ ①大家爬到高處，│
│ 遠眺房屋及道路等。│
└─────────────┘
➡
┌─────────────┐
│ ②有寬的、窄的及彎曲│
│ 的道路。也有兩層的樓│
│ 房及各種顏色房及各種│
│ 顏色的屋頂，大家快樂│
│ 地來製作街市。│
└─────────────┘
➡
┌─────────────┐
│ ③把包裝紙撕開，│
│ 貼製成到幼稚園上│
│ 學的道路。│
└─────────────┘
➡
┌─────────────┐
│ ④用漿糊將剛做好│
│ 的道路黏上。│
└─────────────┘

● 製作街道

【材料及用具】包裝紙、色紙、彩色圖畫紙、模造紙、空盒、剪刀、漿糊、膠帶。

【道路的製作】從到幼稚園、公園及朋友家的散步中，孩童會有行走道路的經驗。著手集體創作他們熟悉的道路，用包裝紙撕成長條形（撕時沿著紙張纖維）做成道路。收集同色系（此例中以淺藍色系）包裝紙來製作房屋，以色紙或包裝紙剪成房屋形狀貼在底紙。若能做出立體的房屋造形則更好。引導兒童由收集的廢物及有色圖畫紙中，想像出個人房子的形象，以空盒疊成房屋造形，不但可用平面方式重疊，也可豎立或橫擺，發揮有趣的立體效果。

【設置房屋】完成道路後，先以幼稚園為基準，再。決定自已房屋的位置。以膠布固定使其不易動搖。

【公共設施】做好個人房宿之後，將公園、火車站、郵局等公共建築物固定。最後沿著可讓孩童在作品中的道路拜訪友伴想像地到處去。

●簡單建築物的做法。

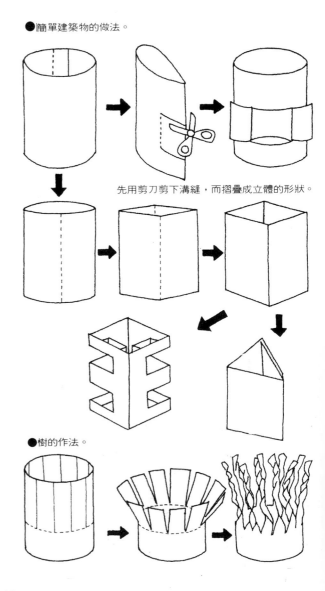

先用剪刀剪下溝縫，而摺疊成立體的形狀。

●樹的作法。

149

⑤用空盒來蓋兩層的樓的樓房或公寓。提醒孩童注意：房子到底是什麼形狀？

➡️

⑥●我家是在公寓四樓。
●我家住二樓，（各自做自已的家）。

➡️

⑦●記得做公園及火車站。
●別忘了到朋友家的道路，可沿途遊戲。

➡️

⑧有房門及電器用品、天線等。連老師都想到那房子玩。

● 街市的式樣

以不同的材料及道具，可製作出各種道路及建築物。利用不同的組合方式，來製造出各式各樣的街市。

製作街市的例子

雲霄飛車。

街道的作法	建築物的作法
用蠟筆著色。	用蠟筆等著色。
以沾油墨的滾筒在底紙上滾出道路。	利用厚紙板來造形。
	使用黏土造形。
利用紙張及撕貼的方式來做。	利用空盒子等廢材來製作。
	以瓦楞紙來做。
利用薄木皮來做。	用積木來做。

我的家

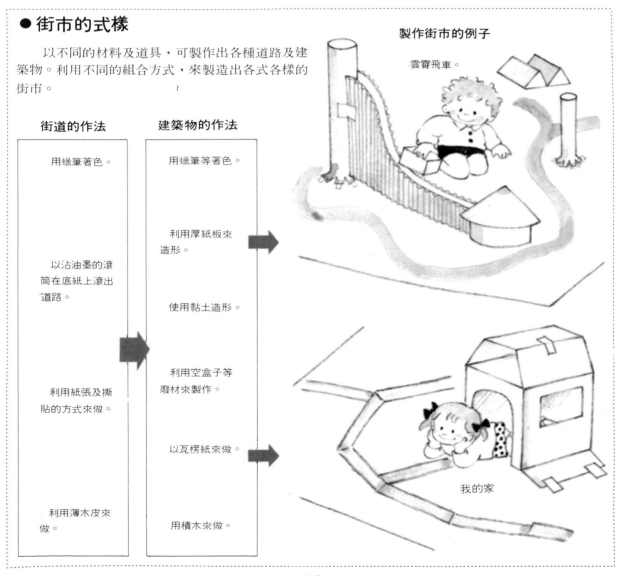

集體繪畫 Ⅱ

● **賽跑**——5 歲兒童活動實例：

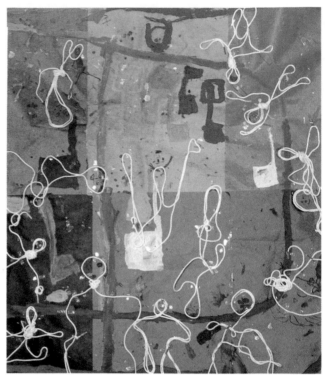

①賽跑：以色模造紙及顏料，畫出田徑的跑道，用繩子在底紙上做出自已的形狀。

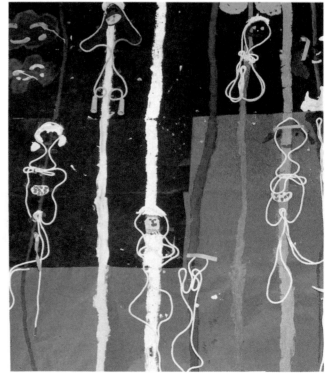

②攀登棒遊戲：在底紙上畫出攀登棒遊戲。用繩子做出正在攀登的人物。

以繪畫的方式把兒童心中運動會遊戲強烈的印象表現出來。此一主題經過嘗試，往往變成抽象的品。運動會前兒童的心中充滿期待，不要將題材集中於運動會的某個場面，較能客觀地創作出多采多姿的作品。與其獨自繪畫，不如共同創造出多面性的充滿快樂的圖案。讓每個人運用巧思，互相刺激靈思，便能將運動會的激烈競賽表現出來。

● 投球遊戲——5 歲兒童活動實例

①把球貼上：在底紙上畫球欄，當投入一球時，便在球欄內貼上一個球。

②貼畫遊戲：分成男女兩組，一面比賽，一面做貼球遊戲。

● 破彩球——5 歲兒童活動實例

①擦畫：先用釘書機把人形動態固定，襯在在底紙下面，再用蠟筆在紙上磨擦，顯出人形。

②貼在底紙上：以①方法，在底紙上描繪出彩球。把剪好人物貼在台紙上。

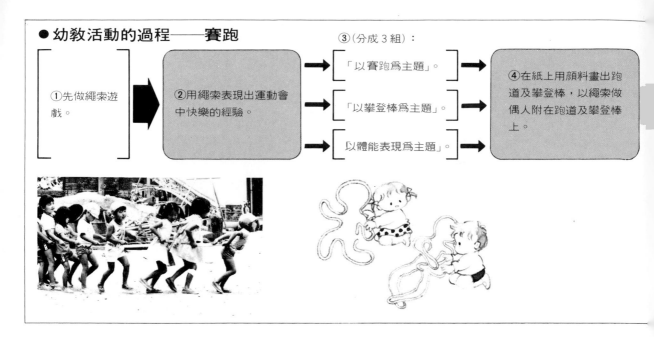

●幼教活動的過程——賽跑

①先做繩索遊戲。

→

②用繩索表現出運動會中快樂的經驗。

③(分成3組):
→ 「以賽跑為主題」。
→ 「以攀登棒為主題」。
→ 「以體能表現為主題」。

→

④在紙上用顏料畫出跑道及攀登棒,以繩索做偶人附在跑道及攀登棒上。

●賽跑

【材料及用具】繩子、彩色圖畫紙、顏料、剪刀、膠布、牛皮紙膠帶。

【繩索的樂趣】以繩索為工具,培養對繩索的樂趣。。舉例如1.影子的遊戲:用繩索做出影子的形狀,掌握身體的形狀動作。2.剪刀石頭布的遊戲:用繩索做剪刀石頭布的形狀。例如:□(石頭)△(剪刀)○(布)等。3.公車遊戲:以繩索做成公車的形狀。4.將橡皮筋結在固定的遊具上,可玩跳繩或貓捉老鼠的遊戲。5.把繩索連接或解開,來做遊戲。

【以繩索來繪畫】描繪材料普通是不使用繩索的,由於5歲兒童描繪題材較抽象,讓兒童了解如何使用繩索及描繪,具有打破固有概念。意義。

【準備繩索】5歲的兒童自己很少會將繩索切斷,老師應先將繩子剪成各種長度備用。此例中將每卷50公尺長的繩子3卷,發給每人3公尺左右的繩子。

●各種繩索遊戲。

結繩比賽。

描繪出影子。

陣地遊戲。

繫在道具上。

⑤看起來真像正在攀登及賽跑一般精釆。

⑥老師:「是否可用顏料畫上頭髮及臉部。」

用畫筆畫上五官,就接近完成了。

⑦繩索偶人完成後,大家歡聲雷動。

● 投球遊戲

【經驗】根據在運動會中投球比賽的經驗,進行集體創作。

【畫球欄】以數張模造紙連接成底紙,用顏料畫出球欄,另將粉紅色及藍色色紙剪下珠的形狀。

【畫出自己的形狀】將自己正在投珠的形狀畫在圖畫紙上,用剪刀剪下。

【貼在台紙上】決定每個人投球的位置,在底紙上貼上自己形狀,再把球貼在欄內。男生用藍色球,女生用粉紅色。實例中,女生人數較多,部分男生提出抗議,所以在分組時人數應該相等。

● 破彩球

【畫出人形畫】把較厚圖畫紙裁成八分之一,畫出正面人形。應指導兒童明確將頭部、身體、胳臂及腳部固定。

【用釘書機固定】剪下人形,將頭部及四肢分別用釘書機固定在身體上,使四肢能自由活動。

【利用擦畫法】以薄紙對折,裡頁中間夾著前述中釘書機固定之人形,決定動態後對折回單頁,在紙上以蠟筆塗平,再描繪出形狀。

● 投球比賽製作成貼畫。

● 釘書機偶人的作法。

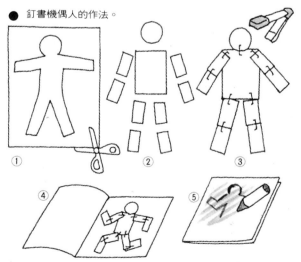

瓦楞紙的製作

● **怪獸**—— 4 歲兒童活動實例

①基台：以瓦楞紙箱排列。　②頭部：將瓦楞紙堆積起來。　③裝飾：身體部份加以裝飾。　④使用顏料塗描

⑤大怪獸：從尾部騎上，可承受10個兒童。

將瓦楞紙箱堆積，排列或折除開來做遊戲。提高目標，製作出具體的活動。素材的體驗及從故事中掌握具體形象，對幼稚園環境具有有重要的意義。例如老師可依故事內容，引導兒童製作出動物怪獸或傀儡木偶，同時也應考慮到無法參加團體活動的兒童。

● 傀儡木偶 ── 5 歲兒童活動實例

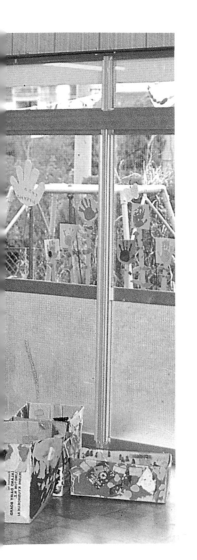

傀儡木偶遊戲，可由大班小朋友製作，供全體遊玩。

用瓦楞紙製作的動物傀儡，更是充滿趣味與變化。

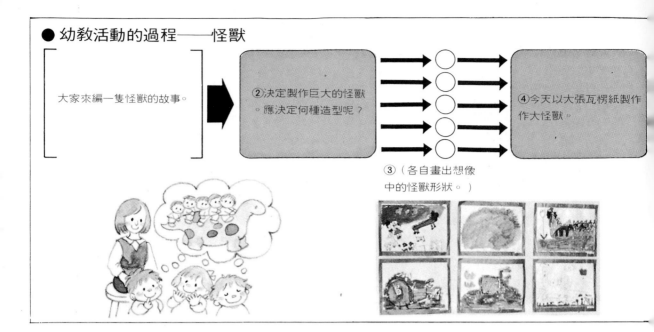

● 幼教活動的過程──怪獸

大家來編一隻怪獸的故事。 → ②決定製作巨大的怪獸。應決定何種造型呢？ → ④今天以大張瓦楞紙製作作大怪獸。

③（各自畫出想像中的怪獸形狀。）

● 怪獸

【材料及用具】瓦楞紙空箱、空容器、廢材、顏料、藍寶樹脂、牛皮紙膠帶。

【遊戲】將瓦楞紙堆積、疊入紙箱、剪下或連接起來做各種遊戲。

【製作軀體】把瓦楞紙連接或重疊做成身體，爲使孩子們騎在上面遊戲，瓦楞紙箱內疊入 2～3 個使其更堅固。堆積時應注意瓦楞紙箱的縱向抗力強度。身體應有曲線，除以牛皮紙帶黏接外，也可預備藍寶樹脂及繩子等，由老師幫忙加強其牢固。

【剪開瓦楞紙箱】將瓦楞紙做成的怪獸耳朵及手爪切開、瓦楞紙無論以何種剪法其結果都相同、也可剪出圓洞。鋸木板則應順木材紋路，以不同方法鋸成。

【怪獸的裝飾】在怪獸身上畫花紋，著色前先在顏料中調入藍寶樹脂。也可以包裝紙及廢材等做爲裝飾。

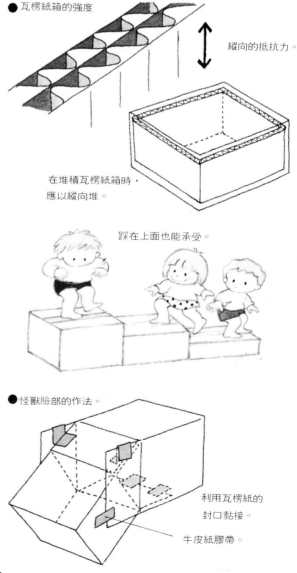

● 瓦楞紙箱的強度

縱向的抵抗力

在堆積瓦楞紙箱時，應以縱向堆。

踩在上面也能承受。

● 怪獸臉部的作法。

利用瓦楞紙的封口黏接。

牛皮紙膠帶。

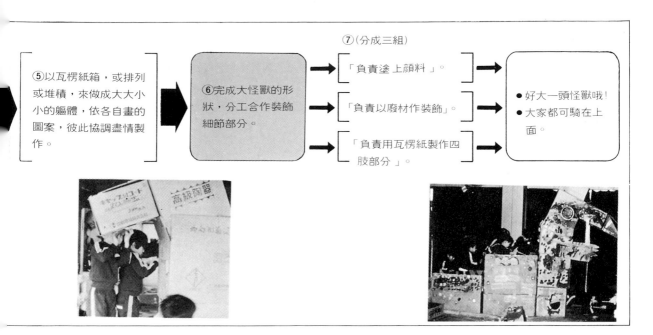

⑤以瓦楞紙箱，或排列或堆積，來做成大大小小的軀體，依各自畫的圖案，彼此協調盡情製作。

→ ⑥完成大怪獸的形狀，分工合作裝飾細節部分。

⑦（分成三組）

→ 「負責塗上顏料」。

→ 「負責以廢材作裝飾」。

→ 「負責用瓦楞紙製作四肢部分」。

→ ●好大一頭怪獸哦！
● 大家都可騎在上面。

● 傀儡木偶

【材料及用具】瓦楞紙、空紙箱、廢材、蠟筆、衛生筷、繩子、開腳釘、牛皮紙膠帶、鋸子。

【戲劇表演】特別策畫一次傀儡戲的演出，請家長前往參觀。讓兒童以自己爲角色製作傀儡玩偶，加深戲劇遊戲的效果。

【現成傀儡示範】老師將已做好的傀儡玩偶拿來做示範，提醒孩童發現拉動繩索時，傀儡的其手腳便能活動。引導兒童自己動手來製作，接著便開始進行傀儡玩偶的製作。

【製作傀儡玩偶】各自將瓦楞紙或空紙箱帶來，製作成自己要表演的角色，如各種動物、蝴蝶等。利用漿糊塗抹，以開腳釘來串合肢節，使各部份能靈活活動。若以開腳釘固定後黏上牛皮紙膠帶，其效果更加良好。

【繫上繩子】將繩繫在木棒上的動作較困難，老師可先贊兒童繫上之後，各自操作木偶來遊戲或與友伴進行即興遊戲。

【表演】全體作品完成後，將鋼琴罩上黑布做成舞台，依故事的情節讓每位小朋友在大家面前一面操作，一面說故事。

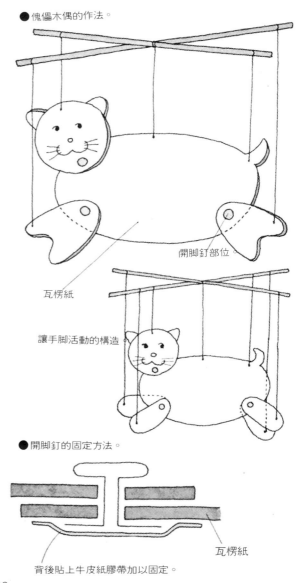

●傀儡木偶的作法。

開腳釘部位。

瓦楞紙

讓手腳活動的構造。

●開腳釘的固定方法。

瓦楞紙

背後貼上牛皮紙膠帶加以固定。

聖誕節造形遊戲

● 聖誕老人之旅 —— 4歲兒童活動實例

①準備基地：以手印腳印遊戲做好基地。

②帽子的製作：製造聖誕老人紅帽中的帶子。

分送禮物：聖誕老人坐的雪橇，挨家挨戶送禮物，當其通過後地面上留下明顯的車輪痕跡。

根據共同的題材，使兒童體驗團體活動的樂趣，增加友伴間的感情，彼此肯定對方的優點，培養社會經驗。老師應利用巧思記法使活動趨於豐富。這個聖誕老人之旅可説包括了季節感的適當例子。

③推動雪橇：將蠟筆固定在空盒子上，做爲雪橇，並使其在底紙上留下雪橇經過的痕跡。

● 聖誕節的裝飾 —— 4、5歲兒童活動實例

①聖誕節蛋糕（5歲兒童活動實例）：由瓦楞紙箱堆積而成。

②聖誕樹和長靴（4歲兒童活動實例）：佈置成聖誕舞會的氣氛。

③聖誕老人（4歲兒童活動實例）：以聖誕老人布偶串連而成簾子。

● 幼教活動的過程——耶誕老人之旅

①以唱歌及說聖誕節的故事來遊戲。 → ②今天大家都扮演聖誕老人，分送禮物。 → ③以手印腳印先在大紙張上做基地，各自做好房屋貼在台紙上。

④以紅色圖畫紙做成聖誕老人的帽子。

⑤把牛皮紙膠帶黏妥空箱，並畫上圖案做成雪橇。

● 聖誕老人之旅

【材料及用具】模造紙、空紙箱、彩色圖畫紙等、蠟筆或素描筆、廣告顏料、牛皮紙膠布。

【底紙的製作】以黑色及藍色廣告顏料調勻在大張模造紙上做手印腳印的遊戲，顯出夜晚的氣氛。

【築房子】以圖畫紙或包裝紙製作許多房屋，貼在底紙各處。

【聖誕老人的帽子】將紅色圖畫紙做成尖帽，以貼畫等在帽上做裝飾。

【雪橇的製作】以肥皂空盒二個用牛皮紙膠帶黏合，盒子前面以牛皮紙膠帶固定兩支顏色相同的粉蠟筆，做為雪橇，在底紙上推動時，便會留下兩條軌跡。

【分送禮物】在圖畫紙上畫自己喜愛的圖案，用剪刀剪下做成禮物，推動雪橇挨家訪問，並分送裝在雪橇上的禮物。

【線條的痕跡】兒童的雪橇在轉彎或調頭時，會因力量不同而使蠟筆的線條變得或淡或濃。

【增加氣氛】圖畫紙剪成細碎的雪花，飄落在底紙上，播放聖誕節的唱片，搖動鈴鐺，提高遊戲效果。

● 雪橇的作法

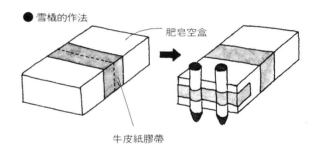

肥皂空盒

牛皮紙膠帶

禮物

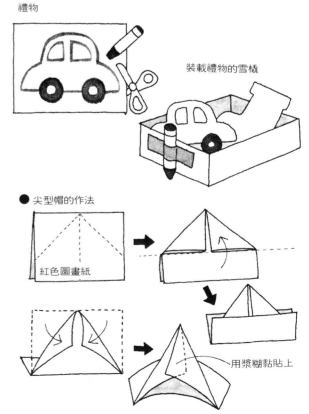

裝載禮物的雪橇

● 尖型帽的作法

紅色圖畫紙

用漿糊黏上

⑥戴上紅帽，推動雪橇，到各處分送聖誕禮物。 ➡ ⑦開始以雪橇做遊戲，搖動鈴鐺或播放音樂增加聖誕節的氣氛。 ➡ ⑧● 我要到高同學家。
● 我已經跑了十家了。 ➡ ⑨出現很多聖誕老人的道路，大家配合音樂，扮演快樂無比的聖誕老人。

● 聖誕節的裝飾

【聖誕節蛋糕】聖誕舞會即將來臨有的小朋友對「吃蛋糕」的印象十分深刻，此時可在舞會當天製作大蛋糕。製作時先以瓦楞紙箱做蛋糕的底層，依個人喜好製成奶油，花及聖誕老人等，集合起

【耶誕樹及長靴】四歲兒童已習慣使用剪刀，先在底紙上以手印腳印遊戲，用蠟筆畫上禮物，貼在綠色圖畫紙剪成的樅樹上做為聖誕樹。以紅色圖畫紙對摺做成長靴貼在聖誕樹上，在牆與牆之間用鐵絲垂掛長靴。佈置成一個喜氣洋洋的聖誕節。

【聖誕老人】老師以紅色圖畫紙做成圓錐形，引導兒童去聯想成聖誕老人的帽子，然後再加上手，肭臂、眼睛及鬍子便成了聖誕老人。將製作完成的聖誕老人集合起來，繫上繩子倒掛起來便成了簾子。

● 長靴的作法

塗上漿糊

塗上漿糊

塗上漿糊

● 聖誕老人的作法

塗上漿糊

紅色圖畫紙

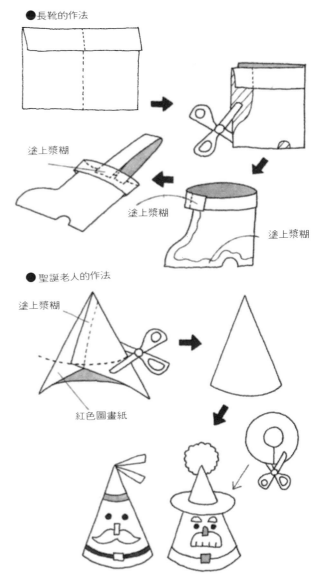

162

新形象出版圖書目錄

郵撥：0510716-5　陳偉賢
TEL：29207133・29278446
地址：北縣中和市中和路322號8F之1
FAX：29207713

總代理：北星圖書公司
郵撥：0544500-7　北星圖書帳戶

一、美術設計類

代碼	書名	定價
00001-01	新插畫百科(上)	400
00001-02	新插畫百科(下)	400
00001-04	世界名家包裝設計(大8開)	600
00001-06	世界名家插畫專輯(大8開)	600
00001-09	世界名家兒童插畫(大8開)	650
00001-05	藝術·設計的平面構成	380
00001-10	商業美術設計(平面應用篇)	450
00001-07	包裝結構設計	400
00001-11	廣告視覺媒體設計	400
00001-15	應用美術·設計	400
00001-16	插畫藝術設計	400
00001-18	基礎造形	400
00001-21	商業電腦繪圖設計	500
00001-22	商標圖誌製作	380
00001-23	插畫彙編(事物篇)	380
00001-24	插畫彙編(交通工具篇)	380
00001-25	插畫彙編(人物篇)	380
00001-28	版面設計基本原理	480
00001-29	D.T.P桌面排版設計入門	480
X0001	印刷設計圖案(人物篇)	380
X0002	印刷設計圖案(動物篇)	380
X0003	圖案設計(花木篇)	350
X0015	裝飾花邊圖案集成	450
X0016	實用聖誕圖案集成	380

二、POP 設計

代碼	書名	定價
00002-03	精緻手繪POP字體3	400
00002-04	精緻手繪POP海報4	400
00002-05	精緻手繪POP展示5	400
00002-06	精緻手繪POP應用6	400
00002-08	精緻手繪POP字體8	400
00002-09	精緻手繪POP插圖9	400
00002-10	精緻手繪POP畫典10	400
00002-11	精緻手繪POP個性字11	400
00002-12	精緻手繪POP校園篇12	400
00002-13	POP廣告 1.理論&實務篇	400
00002-14	POP廣告 2.麥克筆字體篇	400
00002-22	POP廣告 5.店頭海報設計	450
00002-21	POP廣告 6.手繪POP字體	400
00002-26	POP廣告 7.手繪海報設計	450
00002-27	POP廣告 8.手繪軟筆字體	400
00002-16	手繪POP的理論與實務	400
00002-17	POP字體篇-POP正體自學1	450
00002-19	POP字體篇-POP個性自學2	450
00002-20	POP字體篇-POP變體字3	450
00002-24	POP字體篇-POP變體字4	450
00002-31	POP字體篇-POP創意自學5	450
00002-23	海報設計 1.POP秘笈-學習	500
00002-25	海報設計 2.POP秘笈-綜合	450
00002-28	海報設計 3.手繪海報	450
00002-29	海報設計 4.精緻海報	500
00002-30	海報設計 5.店頭海報	500
00002-32	海報設計 6.創意海報	450
00002-34	POP高手1-POP字體(變體字)	400
00002-33	POP高手2-POP商業廣告	400
00002-35	POP高手3-POP廣告實例	400
00002-36	POP高手4-POP實務	400
00002-37	POP高手5-POP插畫	400
00002-38	POP高手6-POP視覺海報	400
	POP高手7-POP校園海報	400

三、室內設計透視圖

代碼	書名	定價
00003-01	籃台相間裝飾法	450
00003-03	名家室內設計作品集(8開)	600
00003-05	室內設計製圖實務與圖例	650
00003-05	室內設計製圖	650
00003-06	室內設計基本製圖	350
00003-07	美國最新室內透視規劃表現1	500
00003-08	展覽空間規劃	650
00003-09	店面設計入門	550
00003-10	流行店面設計	450
00003-11	流行賣飲店設計	480
00003-12	居住空間的立體表現	500
00003-13	精緻室內設計	800
00003-14	室內設計製圖實務	450
00003-15	商店透視·麥克筆技法	500
00003-21	室內空間設計	500
00003-22	休閒俱樂部.酒吧與舞台	1,200
00003-22	室內空間設計	500
00003-23	櫥窗設計與空間處理(平)	450
00003-24	博物館&休閒公園展示設計	800
00003-25	個性化室內設計精華	500
00003-26	室內設計&空間運用	1,000
00003-27	萬國博覽會&展示會	1,200
00003-33	居家照明設計	950
00003-34	商業空間.辦公室.空間.活潑生動的傢俱	1,200
00003-29	商業空間.辦公室.空間設計.傢俱	650
00003-30	商業空間.酒吧.旅館及賓廳	650
00003-31	商業空間.商店.巨型百貨公司	650
00003-35	商業空間.辦公傢俱	700
00003-36	商業空間.精品店	700
00003-37	商業空間.餐廳	700
00003-38	商業空間.店面櫥窗	700
00003-39	室內透視視繪製實務	600

四、圖學

代碼	書名	定價
00004-01	綜合圖學	250
00004-02	製圖與識圖	280
00004-04	基本透視實務技法	400
00004-05	世界名家透視圖全集(大8開)	600

五、色彩配色

代碼	書名	定價
00005-01	色彩計畫(北星)	350
00005-02	色彩心理學-初學者指南	400
00005-03	色彩與配色(彩色精華版)	300
00005-05	配色事典(1)集	330
00005-05	配色事典(2)集	330
00005-07	色彩計畫實用色票集+129a	480

六、SP 行銷.企業識別設計

代碼	書名	定價
00006-01	企業識別設計(北星)	450
B0209	企業識別系統	400
00006-02	商業名片(1)-北星	450
00006-03	商業名片(2).創意設計	450
00006-05	商業名片(3).創意設計	450
00006-06	最佳商業手冊設計	600

七、造園景觀

代碼	書名	定價
00007-01	造園景觀設計	1,200
00007-02	現代都市街道景觀設計	1,200
00007-03	都市水景設計之要素與概	1,200
00007-05	最新歐洲建築外觀	1,500
00007-06	觀光旅館設計	800
00007-07	景觀設計實務	850

八、繪畫技法

代碼	書名	定價
00008-01	基礎石膏素描	400
00008-02	石膏素描技法專集(大8開)	450
00008-03	繪畫思想與造形理論	350
00008-04	魏斯水彩畫專集	650
00008-05	水彩靜物圖解	400
00008-06	油畫基礎畫法	450
00008-07	人物靜物的畫法	450
00008-08	風景表現技法 3	450
00008-09	石膏素描技法 4	450
00008-10	水彩.粉彩表現技法 5	450
00008-11	描繪技法 6	350
00008-12	粉彩表現技法 7	400
00008-13	繪畫表現技法 8	500
00008-14	色鉛筆描繪技法 9	400
00008-15	油畫配色精要 10	400
00008-16	鉛筆技法 11	350
00008-17	基礎油畫 12	450
00008-18	世界名水彩(1)(大8開)	650
00008-20	世界水彩畫家專集(3)(大8開)	650
00008-22	世界名家水彩專集(5)(大8開)	650
00008-23	壓克力畫技法	400
00008-24	不透明水彩技法	400
00008-25	新素描技法解說	350
00008-26	畫鳥.話鳥	450
00008-27	噴畫技法	600
00008-29	人體結構與藝術構成	1,300
00008-30	藝用解剖學(平裝)	350
00008-65	中國畫技法(CD/ROM)	500
00008-32	千嬌百態	450

新形象出版圖書目錄

郵撥: 0510716-5　　陳偉賢　　地址: 北縣中和市中和路322號8F之1
TEL: 29207133・29278446　　FAX: 29290713

十四. 字體設計

代碼	書名	定價
00014-01	英文.數字造形設計	800
00014-02	中國文字造形設計	250
00014-05	新中國書法	700

十五. 服裝.髮型設計

代碼	書名	定價
00015-01	服裝打版講座	350
00015-05	衣服的畫法-便服篇	400
00015-07	基礎服裝畫(北星)	350
00015-10	美容美髮1-美容美髮與色彩	420
00015-11	美容美髮2-蕭本龍e媚彩妝	450
00015-08	T-SHIRT（噴畫過程及指導）	600
00015-09	流行服裝與配色	400
00015-02	蕭本龍服裝畫(2)-大8開	500
00015-03	蕭本龍服裝畫(3)-大8開	500
00015-04	世界傑出服裝畫家作品4	400

十六. 中國美術.中國藝術

代碼	書名	定價
00016-02	沒落的行業-木刻專集	400
00016-03	大陸美術學院素描選	350
00016-05	陳永浩彩墨畫集	650

十七. 電腦設計

代碼	書名	定價
00017-01	MAC影像處理軟件大檢閱	350
00017-02	電腦設計-影像合成攝影處	400
00017-03	電腦數碼成像製作	350
00017-04	美少女CG網站	420
00017-05	神奇美少女CG世界	450
00017-06	美少女電腦繪圖技巧實力提升	600

十八. 西洋美術.藝術欣賞

代碼	書名	定價
00004-06	西洋美術史	300
00004-07	名畫的藝術思想	400
00004-08	RENOIR雷諾瓦-彼得.菲斯	350

幼教教具設計系列　Teaching Aid　0

教具製作設計

出 版 者：新形象出版事業有限公司
負 責 人：陳偉賢
地　　址：台北縣中和市中和路322號8F之1
電　　話：2920-7133・2927-8446
F A X：2929-0713
編 著 者：新形象
總 策 劃：陳偉賢
執行企劃：黃筱晴
電腦美編：黃筱晴、洪麒偉
封面設計：黃筱晴、洪麒偉

（版權所有，翻印必究）　　　　　定價：360元

總 代 理：北星圖書事業股份有限公司
地　　址：台北縣永和市中正路462號5F
門　　市：北星圖書事業股份有限公司
地　　址：台北縣永和市中正路498號
電　　話：2922-9000
F A X：2922-9041
網　　址：www.nsbooks.com.tw
郵　　撥：0544500-7北星圖書帳戶
製 版 所：造極彩色印刷製版股份有限公司
印 刷 所：利林印刷股份有限公司

國家圖書館出版品預行編目資料

教具製作設計 ／ 新形象編著.—第一版.—
　臺北縣中和市：新形象，2003【民92】
　面； 公分.—（幼教教具設計系列；1）

ISBN 957-2035-50-9（平裝）

1. 學前教育 - 教學法　2. 教具-設計

523.23　　　　　　　　　　　92010417